essentials

essentials liefern aktuelles Wissen in konzentrierter Form. Die Essenz dessen, worauf es als „State-of-the-Art" in der gegenwärtigen Fachdiskussion oder in der Praxis ankommt. *essentials* informieren schnell, unkompliziert und verständlich

- als Einführung in ein aktuelles Thema aus Ihrem Fachgebiet
- als Einstieg in ein für Sie noch unbekanntes Themenfelda
- als Einblick, um zum Thema mitreden zu können

Die Bücher in elektronischer und gedruckter Form bringen das Fachwissen von Springerautor*innen kompakt zur Darstellung. Sie sind besonders für die Nutzung als eBook auf Tablet-PCs, eBook-Readern und Smartphones geeignet. *essentials* sind Wissensbausteine aus den Wirtschafts-, Sozial- und Geisteswissenschaften, aus Technik und Naturwissenschaften sowie aus Medizin, Psychologie und Gesundheitsberufen. Von renommierten Autor*innen aller Springer-Verlagsmarken.

Weitere Bände in der Reihe http://www.springer.com/series/13088

Thomas Spörer

Fragestrategien als Führungsinstrument in der Familienmediation

 Springer

Thomas Spörer
Stuttgart, Deutschland

ISSN 2197-6708   ISSN 2197-6716 (electronic)
essentials
ISBN 978-3-658-33525-0   ISBN 978-3-658-33526-7 (eBook)
https://doi.org/10.1007/978-3-658-33526-7

Die Deutsche Nationalbibliothek verzeichnet diese Publikation in der Deutschen Nationalbibliografie; detaillierte bibliografische Daten sind im Internet über http://dnb.d-nb.de abrufbar.

Planung/Lektorat: Eva Brechtel-Wahl
Springer ist ein Imprint der eingetragenen Gesellschaft Springer Fachmedien Wiesbaden GmbH und ist ein Teil von Springer Nature.
Die Anschrift der Gesellschaft ist: Abraham-Lincoln-Str. 46, 65189 Wiesbaden, Germany

Was Sie in diesem *essential* finden können

- Die Beleuchtung der Rolle der Mediatoren als Führungskräfte in Einigungsverfahren für Paare und Familien
- Die Übernahme dieser Führungsrolle mittels Fragestrategien
- Fragestrategien als zentrales Instrument der mediatorischen Gesprächsführung
- Die idealtypische Verfahrenschronologie einer Paar, bzw. Familienmediation aus dem Blickwinkel der fragenden Führungspersönlichkeit

Einleitung

Die traditionelle Auffassung bezüglich einer Paar – und Familienmediation hat das Bild eines Dreiersettings zum Inhalt. Zwei Betroffenen sitzt eine Vermittlerperson gegenüber. Dies charakterisiert die äußeren Rahmenbedingungen in Deutschland seit der Einführung von Familienmediation ca. in den 80er Jahren des letzten Jahrhunderts.

Diesen Bedingungen entspricht anfänglich auch die gängige Erwartung der Betroffenen in die Abläufe der Konfliktbearbeitung durch den Mediator. Schließlich, so deren Folgerung, kommen die Mediatoren mit Masse aus den sog. „Helfenden Berufen", die sie zu Experten der anstehenden Problembearbeitung machen und auf deren Wissen und Ratschlag man zurückgreifen kann und soll. Und nicht selten sind gute Ratschläge und Problemlösungsstrategien durch die Helfer auch mit die ersten Erfahrungen, welche die Klienten in solchen Verfahren machen.

Die Betroffenen begeben sich in die Mediation, um dort von den Kompetenzen ihrer Helfer zu profitieren. Diese sollen ihnen den richtigen Weg aufweisen, sie dabei vor Fehltritten bewahren und ihnen mit Hilfe von bewährten Strategien darlegen, wo sie hin wollen und wie sie sicher dort auch ankommen. Denn nur selten bringen die Klienten ab dem Beginn eine klare Vorstellung davon mit, was sie genau erreichen wollen und wie ihre persönliche Zukunft aussieht nach dem richterlichen Scheidungsurteil. Vorherrschend ist die Gewissheit darüber, was sie alles nicht mehr wollen. Doch in dieser Geisteshaltung sind die Betroffenen so lange gefangen, bis der Mediator ihnen durch seine Kompetenz den Weg hin zu Lösungen weist (vergl. u. a. Haynes 1993).

Diesem Bild entspricht auch nicht selten das mediatorische Handeln. Hierüber droht ein Gefälle zu entstehen zwischen dem Fachwissen der Mediatoren bezüglich der Konfliktbeilegung als dem oberen Ende des Gefälles und der Unerfahrenheit und des Nichtwissens der Betroffenen am unteren Ende.

Dieses real bestehende oder sich abzeichnende Gefälle existiert ab diesem Moment quasi parallel zur traditionellen Lehrauffassung innerhalb der Mediationsausbildung, die den Mediatoren eine Prozessverantwortung, nicht aber eine Inhaltsverantwortung zuschreibt. Letztere ist sozusagen die „Mitgift", die die Betroffenen in die Verhandlungen einbringen.

Banal ausgedrückt gewinnt ein Mediator seine Klientel dadurch, dass er die Betroffenen davon überzeugen kann, Geld dafür auszugeben, dass sie selbst die inhaltliche Gestaltung ihrer Zukunft übernehmen und der Mediator sie quasi auf Kurs hält, Ergebnisse aufbereitet, deeskalierend wirkt in Zeiten emotionaler Verwerfungen und seine Neutralität beiden Betroffenen gegenüber als Geschäftsgrundlage heranzieht.

Die Chancen dafür, dass die Betroffenen in ihren Kontroversen aneinander vorbeireden, ist erwartungsgemäß sehr hoch und eine erfolgreiche Vermittlungstätigkeit hängt daher primär von einer gelungenen Gesprächsführung durch den Mediator ab (vergl. Moore 2006).

Das a und o in einem solchen Verfahren ist die Gewinnung von Informationen aller Art. Von ihrer Gewinnung und Verarbeitung lebt ein Mediator. Denn gerade in Krisenzeiten leidet die Kommunikation außer einer auftretenden Gesprächsverweigerung speziell auch darunter, dass bei den Streitparteien gegenseitige Vermutungen, Annahmen, Unterstellungen und Behauptungen vorherrschen anstelle von verfügbaren Informationen. Sie ersetzen denn auch einen informations – und interessensgestützten Dialog und produzieren somit fast notgedrungen Missverständnisse, die die Beteiligten mehr entzweien als verbinden.

In ein solches Szenario bringt der Mediator sich ein inklusive seiner eigenen Kommunikationsbiographie. Dort sind sein eigenes Wertesystem, seine Einschätzungen und Erfahrungen beheimatet, die nunmehr in den Verständigungsprozess einfließen unter dem Blickwinkel seiner Neutralität. Diese wird von ihm erwartet und ist gleichzeitig seine eigene Richtschnur in seinem beruflichen Handeln (vergl. Shazer 2004).

Anlässlich einer Scheidung braucht es ein Höchstmaß an Kommunikation als Grundlage für einen angestrebten Interessensausgleich zwischen den Betroffenen. Wie die Vorgehensweise darüber vonstatten geht, hängt jedoch stark davon ab, aus welcher professionellen Ecke heraus dies geschieht.

Die Juristen etwa ziehen hierfür das geltende Recht als Maßstab heran. Dies ist gleichzeitig der Ausgangspunkt und der Zielpunkt ihrer Arbeit und darauf arbeiten Juristen hin.

Entsprechend gering ist der kommunikative Einfluss, den die Betroffenen auf das Verfahren haben, bzw. ausüben können, denn ihnen sind die geltenden juristischen Regeln eher unbekannt und sie brauchen dafür einen „Interpretationsexperten". Ob damit ihrem ursprünglichen Anliegen nach einem fairen und tragfähigen Interessensausgleich entsprochen wird, sei für den Moment dahingestellt.

Mediation ist demgegenüber ihrer Natur gemäß fast ausschließlich kommunikativ ausgerichtet unter Verzicht auf beratende Experten. Deshalb herrschen dort auch andere Erfolgsmaßstäbe für erzielte Lösungen als bei der Jurisprudenz. Die Bestandteile dieser Arbeit setzen sich demnach u. a. zusammen aus

- anfänglich ratlosen und sprachlosen Betroffenen
- einem weitgehender (temporärem) Verzicht auf juristische Intervention
- einem intensiven Austauschbedarf zwischen den Streitenden
- einer hohen Kommunikationskompetenz beim Mediator.

Wie profitiert ein Mediator hier davon, dass er als neutrale Instanz zunächst nichts über die herrschende Problemlage zwischen den Betroffenen wissen muss, aber gleichwohl als Fachmann für die Hilfe von Lösungsfindungen gilt?

Im gängigen Ausbildungsbetrieb zur Mediation wird stets das Mittel der Gesprächsführung als zentrales Tool für ein Zustandekommen von Ausgleich und Lösungen betont. Dabei wird beobachtungsgemäß dem Thema der Fragestellung jedoch kein besonderes Gewicht beigemessen.

Dieser Beitrag geht von der Hypothese aus, dass dem Thema „Fragen" ein zentraler Stellenwert gebührt und die Anwendung einer kompetenten Fragestrategie mehr als alle anderen Tools im Arsenal der Mediatoren darüber entscheidet, mit welchem letztendlichen Erfolg die Verhandlungen mit den Betroffenen geführt werden (vergl. Marquardt 2014).

Dies hat zwei maßgebliche Effekte:

- zum einen wächst beim Mediator mit jeder von ihm gestellten Frage sein Verständnis und die Einsicht bezüglich der persönlichen und gemeinsamen Situation der Betroffenen.
- zum andern erzeugen Fragen bei den Betroffenen einen wachsenden inneren Zugang und eine zunehmende Offenlegung ihrer eigenen Wünsche, Vorstellungen, Befürchtungen, Aversionen, etc., nicht nur gegenüber dem jeweiligen Ansprechpartner, sondern auch gegenüber den eigenen „blinden Flecken" auf ihrer Wahrnehmungslandkarte.

Fragestrategien können sich u. U. als der zentrale Schlüssel für einen gestalterischen Umgang mit der Zukunft der Betroffenen erweisen und damit auch einen besonderen Beitrag zu Erkenntnissen und Einsichten leisten, die für die Betroffenen am Anfang ihrer Konfliktbearbeitung stehen.

Die zwei universell vorherrschenden Grundsatzfragen sowohl für Mediatoren als auch für die Betroffenen, die einen Gang der Dinge insgesamt oder von einem Thema zum anderen steuern, lauten:

- Warum geht es – jetzt gerade oder allgemein? (Kontentfrage)
- Was bringt es – mir, uns, etc.? (Nutzenfrage)

Und dazu die grundlegende Überlegung, was sich mit Fragen insgesamt erreichen lässt und was sie zu einem so wertvollen Instrument macht:

- sie helfen uns dabei, Informationen zu gewinnen, zu analysieren und zu verarbeiten.
- Sie unterstützen uns dabei, Gespräche und Diskussionen zu führen im Sinne einer Gesprächsleitung.
- Sie leisten es, vorherrschende Probleme zu definieren und für eine weitere Bearbeitung aufzubereiten.
- Sie unterstützen den transformatorischen Prozess, Probleme in Lösungen zu verwandeln, bzw. diese zu finden oder zu erkennen.
- Sie gestatten es, evtl. Missverhältnisse abzuklären.
- Sie bewirken die Bildung eigener Hypothesen zur Beurteilung einer herrschenden Interessens – und Problemlage.
- Sie führen Betroffene zu einem weiterreichenden Verständnis ihrer eigenen Situation.
- Sie generieren Mut und Stärke für alle Beteiligten.
- Sie ersetzen Annahmen und Vermutungen durch Wissen.
- Sie bringen im Bedarfsfall deeskalierende Elemente zum Tragen in disruptiven Zeiten.
- Sie erzeugen eine Bereitschaft zum Teamwork, bzw. zu dessen Fortsetzung.
- Sie regen die Befragten zur Entwicklung unorthodoxer Ideen an.
- Sie motivieren die Betroffenen, wo es Not tut, zu größerem Engagement.
- Sie fördern insgesamt einen Beziehungsaufbau und dessen Pflege.
- Sie gestatten dem Mediator, als Suchender in den Prozess zu gehen und nicht als Wissender.

Und so kann für jeden Klärungsschritt im Rahmen einer Mediation festgehalten werden, dass sich menschliche und zwischenmenschliche Entwicklung und Wachstum nie am Tempo messen lassen, mit dem Antworten auf Fragen gegeben werden, sondern immer nur an der jeweils vorhandenen Qualität der gestellten Fragen selbst.

Inhaltsverzeichnis

Über den Autor

Dr. Thomas Spörer – Leiter des „Projekt VIA" – Instituts für kooperative Lösungsstrategien mit Hauptsitz in Stuttgart. Studium der Erziehungs – und Verhaltenswissenschaften an der Universität Tübingen. Wissenschaftliche Mitarbeit am „Harvard Negotiation Project" in Cambridge, Mass, USA und Alumni des „Harvard Institute on Negotiation".

Die Rolle des Mediators als Führungsperson

1.1 Die Aufgabenstellung und das Selbstverständnis

Die Betroffenen erfahren im Erstgespräch u. a. Vieles über die Rolle des Mediators im angestrebten Einigungsverfahren. Diese wird u. a. in den meisten Ausbildungshandbüchern ca. folgendermaßen beschrieben:

- Der Mediator stellt in Streitfällen die unparteiische Instanz dar, deren neutrale Position von allen Konfliktbeteiligten akzeptiert und respektiert wird. Die Anerkennung dieser Rolle setzt voraus, dass er keine Bewertung oder Gewichtung der einzelnen Standpunkte vornimmt. Damit ist eine anwaltliche, gutachterliche oder sonstige parteiliche Einflussnahme des Mediators grundsätzlich ausgeschlossen.
- Seine Vermittlungsarbeit zielt darauf ab, den Konfliktparteien bei deren Erarbeitung von Lösungen zu helfen, Somit ist seine Aufgabe nicht die, stellvertretend für die Parteien Lösungsmodelle zu entwickeln oder Schiedssprüche zu fällen.
- So gestalten unter seiner Mitwirkung die Konfliktbeteiligten schließlich selbst Ergebnisse und Vereinbarungen. Nur im aktiven Handeln der direkt Beteiligten ist gewährleistet, dass der Aushandlungsprozess ein allseits zufriedenstellendes Ergebnis zeigt.
- Die Mitwirkung des Mediators ist u. a. die, in festgefahrenen Verhandlungen durch moderierendes Eingreifen und Leiten wieder Bewegung zu bringen.
- Die Mediatoren legen dabei sämtliche materielle, soziale und psychische Dimensionen von Konflikten frei und verhelfen den Beteiligten zur Abklärung jeweiliger Interessen.

© Der/die Autor(en), exklusiv lizenziert durch Springer Fachmedien Wiesbaden GmbH, ein Teil von Springer Nature 2021
T. Spörer, *Fragestrategien als Führungsinstrument in der Familienmediation,* essentials, https://doi.org/10.1007/978-3-658-33526-7_1

- Gleichzeitig werden den Beteiligten durch die Mediatoren auch die Interessen und Gefühlslagen der jeweiligen Gegenseite deutlich und nachvollziehbar gemacht.
- Die Mediatoren sind für den Gang von Gesprächen und Verhandlungen verantwortlich, jedoch nicht für deren Inhalt.

Diese Beschreibung erläutert die Rolle des Mediators anhand seiner Aufgaben, nicht aber anhand seiner Funktion. Doch die Funktion und die Aufgabe sind in diesem Zusammenhang keineswegs synonyme Begriffe.

Mediatoren haben gegenüber ihren Klienten stets auch automatisch eine Führungsrolle – ob sie diese nun wollen oder nicht. Auch der mediatorische Anspruch von Partnerschaftlichkeit zwischen ihnen und den Betroffenen ändert daran zunächst nichts.

Wichtig ist an diesem Punkt lediglich die Bereitschaft dafür, diese Führungsrolle auch anzunehmen und im Verfahren auszufüllen. Aber nicht immer herrscht bei den Mediatoren hierüber Eindeutigkeit. Man sieht sich mit diesem Führungsauftrag nicht selten im Konflikt mit der Neutralität als der Geschäftsgrundlage und als Kontrapunkt zum juristischen Handeln als einseitiger Interessensvertretung. Und grundsätzlich lohnt sich hier zusätzlich für die Mediatoren eine Überlegung darüber, weshalb z. B. Prinzipien, Verfahrensweisen und Zielsetzungen für Führung so gut wie keine Bedeutung haben in ihrer Mediatorenausbildung (vergl. Scheumann und Böttcher 2016).

Und so steht zu befürchten, dass sie sich zu einer der drei Kategorien des Zugangs zu Führung zählen müssen:

- Du bist die geborene Führungspersönlichkeit und strahlst diese Eigenschaft auch aus.
- Du hast Dich mit viel Arbeit und Einsatz in eine Führungsposition hinaufgearbeitet.
- Du bist in eine Führungsposition hineingeraten.

Womöglich stammen diese Vorbehalte, dort wo sie (noch) bestehen, aus den Relikten eines Grundverständnisses, welches den Berater, Coach oder Mediator als „wissenden Problemlöser" erhält und die Einebnung eines sozialen Gefälles zwischen Mediator und Betroffenen als Vakuum erfahrbar macht.

Dieses Vakuum muss in der Folge wieder gefüllt werden mit einem gleichwertigen Inhalt, damit eine Arbeitsgrundlage geschaffen ist. Diese Arbeitsgrundlage befindet sich somit zwischen der gegebenen Führungsrolle und dem Anspruch an Neutralität und Allparteilichkeit.

Wenn der Mediator diese Führungsrolle wahrnimmt, so unter der Voraussetzung, dass ihm ein praktisches Handwerkszeug hierfür zur Verfügung steht. An diesem Punkt erweisen sich systematisch gesetzte Fragen als das Mittel der Wahl. Die Vielfalt der Wirkungen, die sie erzielen, wurde eingangs bereits beschrieben und macht sie somit zum Kernstück im rhetorischen Werkzeugkoffer der Mediatoren.

Häufig passiert es, dass Mediatoren in ihrer Arbeit mit Situationen konfrontiert sind, in denen die Betroffenen nicht weiterwissen oder sich anderweitig verrannt haben. Dass sie hier aus eigener Kraft zu Lösungen finden, ist eher unwahrscheinlich, Deswegen wollen sie ja die Hilfe des Mediators. Dieser soll ihnen gerade die Lösungen liefern, auf die sie selbst nicht kommen würden.

Aber hier vom Mediator Lösungen geliefert zu bekommen, nützt ihnen letztendlich nichts, denn es sind und bleiben seine und nicht ihre. Sie aber werden später mit den Konsequenzen dieser Lösungen leben müssen, so wie beispielsweise ein Familiengericht ein Urteil liefert, welches die Folgen für die Betroffenen nach ihrer Scheidung an aller Regel unberücksichtigt lässt.

Auch in anderer Hinsicht stellen sich Mediatoren mit der Erstellung von eigenen Lösungen für ihre Klienten ein Bein:

- So etwa mit der Erfahrung, wie verzehrend es sein kann, für andere deren Lösungen zu erarbeiten und bei einem Scheitern dafür stellvertretend die Haftung zu übernehmen.
- Das Gefühl zu haben, als Führender zu versagen oder Kompetenzlücken zu haben, wenn sie auf gestellte Fragen keine Antworten parat wissen.

Grundsätzlich geht die Fähigkeit, Fragen zu formulieren für die Mediatoren Hand in Hand mit der Fähigkeit und der Bereitschaft, daran Lernschritte für sich selbst zu knüpfen. Doch welches sollen dann die Schritte für einen Lerngewinn durch Einsichten und Erkenntnisse für die Betroffenen sein, wenn sie diese nicht in einer Arbeitssituation machen können, in der solche Schritte durch Fragen stimuliert werden (Vergl. Leeds 2000)?

Hier gilt der allgemeine Lehrsatz, wonach die Betroffenen aus ihrem Konfliktfeld nicht mit dem gleichen Bewusstsein heraustreten können, mit welchem sie in dieses Konfliktfeld hineingeraten sind.

Für die Führenden gilt dabei die Überprüfung ihrer evt. Grundhaltung:

- fühlen sie sich angegriffen, wenn sie durch die Beteiligten mit Fragen belegt werden?

- Zögern sie dabei, Fragen zu stellen aus Angst, dass damit Unwissenheit oder Zweifel zutage treten?
- Fürchten sie als Führende evt. einen Kontrollverlust über das Geschehen, wenn sie ihrerseits durch Fragen anstatt durch Antworten agieren?

1.2   Die Grundproblematik beim Stellen von Fragen

Insgesamt ist im Gesprächsmiteinander in puncto Fragestellungen sehr häufig eine merkwürdig anmutende Zurückhaltung seitens der Beteiligten zu beobachten. Nicht nur in der Mehrzahl der Beratungsgespräche und Coachings, sondern auch außerhalb aller Fachlichkeit. Darüber scheint bei vielen nicht nur die allgemeine Fähigkeit zur Formulierung von Fragen abhanden gekommen zu sein (ich weiß gar nicht, was ich fragen soll) sondern evtl. auch ein ihnen zugrunde liegendes Interesse am Gegenüber mit seinen Auffassungen, Ansichten, Überzeugungen, etc. im Rahmen eines Lebensstils von Individualität und Ichbezogenheit, der für andere als die eigene Meinung oft keinen Raum zu haben scheint.

Insgesamt fallen vier Aspekte auf, die uns beim Stellen von Fragen allgemein im Weg stehen:

a) wir vermeiden Fragen aus einem Bedürfnis von Selbstschutz heraus
   Eine der schwierigsten Herausforderungen, vor die sich Führende gestellt sehen, ist die Einsicht darin, dass sie für (mindestens sehr viele) Fragen keine Antworten darauf haben, was das beste sei. Doch genau dies interpretieren viele Führende als ihre Kernaufgabe, vor die sie die Betroffenen stellen. Sie wollen ihr eigenes Image schützen und sich gegen die Befürchtung stemmen, dieses Image zu verlieren. Das Bild eines „wissenden Führenden" überwiegt auf der Prioritätenliste vor dem Bild eines „fragenden Führenden". Folglich empfinden sie an sie gerichtete Fragen oftmals als Test für ihre eigene Kenntnis und ihren Vorbereitungsstand.
   Für sie haben Fragen häufig den Charakter eines Verhörs und sie neigen dazu, ihnen auszuweichen oder sie gar komplett zu ignorieren.
   Ihrem eigenen Ego folgend deuten sie Fragen häufig als Bedrohung oder Angriff, verbunden mit einem Gefühl von Angst. So halten sie auch Antworten parat selbst für ungestellte Fragen, obwohl ihnen Unkenntnis, aber die Fähigkeit zur Erschließung von Antworten in den Augen des Fragenden in aller Regel eine größere Autorität verleiht als ein Beharren auf Antworten und recht zu haben.

Der Gegenpol einer solchen im Grunde angstbezogenen Haltung ist Mut. Mut nicht als Gedanke oder Haltung, sondern als Handlung, denn nur in ihr offenbart sich Mut. Dies schließt auch die Bereitschaft mit ein, Fragen zu stellen, die z. T. das Aufbrechen alter Gewohnheiten und Denkmuster bewirken können (und sollen). Und es braucht Mut, um mit Hilfe von Fragen alte Glaubenssätze zu überwinden, ohne deshalb für sie bereits einen Ersatz bereit zu halten (vergl. Marquardt 2014).

b) wir sind häufig in Eile und unter zeitlichem Druck
Führende streben häufig danach, rasche Antworten und Lösungen zu liefern im Glauben daran, dass diese zwei Kriterien einen Bewertungsmaßstab für ihre Kompetenz darstellen.

Im Mediationsgeschäft steht ihnen eine solche Haltung deshalb im Weg, weil sie Einsichten und Erkenntnisse als Voraussetzung für Lösungsfindungen durch die Betroffenen eher behindert als fördert. Wenn die Betroffenen, wie behauptet, die „Architekten ihrer Lösungen und Zukunft" sein sollen, dann müssen sie damit auch die Taktgeber ihres eigenen Entwicklungsprozesses sein.

Mediatoren brauchen ihrerseits die Zeit und den Raum für ihre eigene Reflexion auch dann, wenn in der Vermittlungsarbeit die Wellen hochschlagen und sie im „Balancing" zwischen den Betroffenen agieren. Nicht richtige oder falsche Antworten stehen hier zur Debatte, sondern eine ertragreiche Auswertung des „Story-Telling", wo Perspektiven und Ansichten zueinander in Bezug gebracht werden.

c) uns fehlt zum Fragen häufig die Übung und Unterscheidung zwischen „guten und weniger guten" Fragen
In einer Kultur, die ihren Angehörigen die Fähigkeit, Fragen zu stellen, bereits ab einer frühen Kindheitsphase abtrainiert, geht für viele damit eine Fähigkeit, sich die Welt zu erschließen und das eigene Wachstum voran zu treiben, verloren und muß in oft mühevollen Schritten zurückgewonnen werden. Dies gilt auch und in besonderem Maße für die Leitung von Mediationsverfahren mit seinen Aufgaben von „Option Finding", „Conflict Resolution" und allen anderen sonstigen Schritten auf diesem Weg.

Überdies fehlt vielen Führenden, die wissentlich oder unwissentlich in der Kultur des (Besser-) Wissens verhaftet sind, schlichtweg die Übung. Diese fehlt uns allen ab dem Zeitpunkt, wo unsere Eltern und andere Autoritätspersonen unseren natürlichen Drang zu fragen, unterbunden haben.

Aus dieser Erfahrung heraus wächst ein Gefühl von Peinlichkeit und innerer Bedrängnis immer dann, wenn wir als Fragende beim Gegenüber auf eine Haltung von Abwehr stoßen.

d) Unser soziales Umfeld unterdrückt Fragestellungen anstatt sie zu fördern. Fragen werden oft mit Dummheit und Unwissenheit gleichgesetzt. Wenn das Stellen von Fragen als ein Beleg von Unwissenheit oder gar Dummheit interpretiert wird, kann die Antwort darauf sein, als Führender mit gebotenem Selbstbewusstsein, Offenheit und Flexibilität aufzutreten. Denn gerade Führen durch Fragen gestattet den Anwendern z. B. unter hohem Druck und in Krisenzeiten einen kühlen Kopf und die Übersicht über das Geschehen zu bewahren. Sie schaffen es, durch Fragen widerstrebende Haltungen auszutarieren, ohne deshalb den Fokus auf die diskutierten Themen zu verlieren.

Und nicht zuletzt halten sie eine Diskussion auf Kurs in Phasen von Ambiguität. Hierbei hilft ihnen eine zweite Fähigkeit, die ebenfalls Gefahr läuft, als solche in unserer Gesprächskultur verloren zu gehen: das aktive Zuhören.

Die folgenden Fragen sollen Führende darin unterstützen, die eigene Rolle innerhalb des Verhandlungsgeschehens präzise zu konturieren und zu einem tragfähigen Frageraster zu finden in Zeiten, wo das eigene Rollenverständnis in der Praxis evtl. noch durch überkommene Vorstellungen von Hilfe und Ratschlag beeinflusst wird:

- Habe ich evtl. Angst davor, eine unangenehme Antwort auf meine Frage zu erhalten?
- Wie fühle ich mich als Führender, der nicht die Antwort auf alle Fragen weiß?
- Wie kann ich in meinen Sitzungen eine Arbeitsatmosphäre schaffen, die auf allgemeiner Neugier und einem maximalen Zugewinn an Information basiert?
- Wie bringe ich meine Klienten dazu, selbst aneinander Fragen zu richten?
- Wie kann ich sie dazu bringen, ihre eigene evtl. Furcht vor Fragen zu überwinden?
- Was interessiert mich wirklich alles an der Person der Betroffenen, ihrem Leben, ihren Befürchtungen, Hoffnungen, ihrer Zukunft?

Das Orientierungsgespräch als Ausgangspunkt

2

Das Orientierungsgespräch kann als ein zentraler Punkt für das Mediationsverfahren betrachtet werden. Hier werden für alle Beteiligten Informationen gesammelt und ausgetauscht, mithilfe derer die Betroffenen und der Mediator zusammenfinden oder nicht, ferner ob sie sich auf diese Bearbeitungsmethode für ihre Konflikte und Probleme einlassen und auch generell bereit sind, sich in diesem Kontext aufeinander einzulassen, etc. (vergl. Fisher und Estel 1995).

Dem Mediator fällt hierbei die Rolle zu, außer der Präsentation des Verfahrens für die Betroffenen auch dafür zu sorgen, dass die Betroffenen sich im Sinne von vertrauensbildenden Maßnahmen auf ihn und seine Führungsrolle einlassen können. Dabei spielt außer seiner fachlichen Kompetenz auch speziell die Art und Weise eine Rolle, wie er diese nach außen stellt. Fragen an die Betroffenen tragen hier mehr als jegliche Erklärung dazu bei, sie von vorn herein in einen Prozess einzubinden, der den meisten unbekannt und zumindest am Anfang unzugänglich vorkommt.

2.1 Die acht Aspekte des Orientierungsgesprächs

Insgesamt acht Aspekte verdienen Berücksichtigung beim Orientierungsgespräch und ihr Umgang damit leitet entweder über auf die Eröffnung des Verfahrens oder sorgt dafür, dass dieses eher nicht zustande kommt:

a) Beziehungsaufbau – mehr noch als die Informationsweitergabe an die Betroffenen bezüglich der Ziele, Arbeitscharakteristika und Vorgehensweisen des Verfahrens müssen die Betroffenen Kriterien finden, die sie zur Teilnahme bewegen.

© Der/die Autor(en), exklusiv lizenziert durch Springer Fachmedien Wiesbaden GmbH, ein Teil von Springer Nature 2021
T. Spörer, *Fragestrategien als Führungsinstrument in der Familienmediation,* essentials, https://doi.org/10.1007/978-3-658-33526-7_2

Denkbare Fragen in diesem Zusammenhang können sein:

- Was führt Sie hierher?
- Wie sind Sie auf uns aufmerksam geworden?
- Was ist Ihnen bislang über das hier angebotene Verfahren bekannt?
- Wie stellen Sie sich den Ablauf vor?
- Welche Merkmale sind Ihnen bekannt?
- Welche Ziele haben Sie vor Augen, wenn Sie dieses Verfahren wählen sollten?
- Worin erkennen Sie hierbei einen Nutzen für sich?
- Wie gut funktioniert derzeit Ihre Verständigung?
- Worin sehen Sie evt. Risiken für sich, wenn Sie dieses Verfahren wählen?

b) Stimmungslage – in der Orientierungssitzung werden außerdem die jeweiligen Interessen der Betroffenen eruiert sowie deren Befürchtungen, Ängste, Erwartungen, Hoffnungen und allgemeine Verfahrensvorstellungen.

Denkbare Fragen in diesem Zusammenhang können sein:

- Mit welchen Erwartungen begeben Sie sich in ein solches Verfahren?
- Welches sind Ihre speziellen Erwartungen aneinander als Partner im Verlauf des Verfahrens?
- Was erwarten Sie vom Mediator als dem Leiter des Verfahrens?
- Was wäre für Sie das best mögliche, bzw. das schlechtest mögliche Ergebnis, das Sie hier erzielen könnten?
- Was darf dabei aus Ihrer Sicht auf keinen Fall passieren?

c) Anbieterauswahl – fast wichtiger noch erscheint eine Information darüber, was die Betroffenen bewogen hat, gerade zu diesem Dienstleister gekommen zu sein anstatt zu einem Mitanbieter und welches hierfür ggfs. ihre Auswahlkriterien gewesen sind.

Denkbare Fragen in diesem Zusammenhang können sein:

- Nach welchen Gesichtspunkten haben Sie sich gerade unser Angebot ausgesucht?
- Was hat Sie dabei besonders angesprochen?
- Was wäre aus Ihrer Sicht ein guter Grund, unser Angebot nicht in Anspruch zu nehmen?
- Worin unterscheidet sich aus Ihrer Sicht unser Angebot von anderen?

- Was wäre Ihnen bei der Arbeit mit uns besonders wichtig?

d) Rechtssicherheit und Informationsgewinn:
Sich nicht innerhalb eines Mediationsverfahrens von der geltenden Rechtssprechung abwenden zu müssen, ist für die allermeisten Betroffenen von großer Bedeutung. Dieses Sicherheitsinteresse gilt oft gleichviel wie Klarheit darüber, wer welche Informationen für das Verfahren beibringt und wie der Umgang damit sein soll.

Denkbare Fragen in diesem Zusammenhang können sein:

- wie groß soll aus Ihrer Sicht der juristische Anteil unseres Angebots sein?
- Welche Sicherheitsbedürfnisse haben Sie in diesem Zusammenhang?
- Was soll Ihnen diese Sicherheit im Verfahren im Einzelnen liefern?
- Würden Sie sich für unser Angebot entscheiden, wenn Ihnen eine Rechtssicherheit gewährleistet wäre und bliebe?
- Was halten Sie von der Idee eines optimalen Informationsaustauschs als Element des Verfahrens?
- Welche Tabuthemen existieren für Sie?
- Wie möchten Sie mit vertraulichen Informationen umgehen?

e) Verfahrensvarianten – Nicht zuletzt können Verfahrensvarianten wie etwa die Gewichtung von Einzelgesprächen und Paargesprächen sowie ein evt. Einsatz von Teammediation erörtert werden.

Denkbare Fragen in diesem Zusammenhang können sein:

- Wie leicht oder wie schwer fällt Ihnen ein direkter und unmittelbarer Dialog mit dem Gegenüber unter Stress?
- Worüber können Sie sich derzeit überhaupt nicht austauschen?
- Wie würden Ihnen Einzelgespräche mit dem Mediator hier weiterhelfen?
- Was wäre dann alles einfacher für Sie?
- Was hielten Sie davon, Ihre Einigungsarbeit evtl. mithilfe eines Mediatorenteams zu leisten?
- Welches wären aus Ihrer Sicht die Vorteile hiervon?

f) Systemvergleich – hinsichtlich eines Vergleichs zwischen einem juristischen Scheidungsverfahren und dessen nonjuristischer Alternative braucht es für die

Betroffenen ein klares Verständnis als Grundlage für deren Entscheidungsfindung.

Denkbare Fragen in diesem Zusammenhang können sein:

- Welche jeweiligen Vor – und Nachteile erkennen Sie für sich bei einem Vergleich zwischen einem juristischen Verfahren und einer Mediation?
- In welcher Weise entsprechen dabei die eine oder andere Version Ihren Erwartungen?
- Was hat das eine Verfahren, was das jeweils andere nicht hat?
- Ist es Ihnen wichtiger, für Ihre Scheidung ein richterliches Urteil zu haben oder Ihre Belange zu Ihrer Scheidung selbst regeln zu können?

g) Der Gesamtaufwand – außer den inhaltlichen und verfahrenstechnischen Fragen fließen notgedrungen bei den Betroffenen auch Überlegungen bezüglich eines mit dem Verfahren verbundenen Zeit – und Finanzaufwands mit ein.

Denkbare Fragen in diesem Zusammenhang können sein:

- von welchem Kostenrahmen für Ihr Scheidungsverfahren gehen Sie aus?
- Können Sie sich eine Scheidung überhaupt leisten?
- Wie umfangreich fällt Ihre Themenliste aus?
- Wie schätzen Sie Ihre eigene Einigungsbereitschaft und Einigungsfähigkeit ein?
- Können Sie einen Zusammenhang zwischen Ihren Themen, Ihrer Einigungsbereitschaft und Ihrem Kostenaufwand erkennen?

h) Informationsgewinnung – den inhaltlichen Kern einer Orientierungssitzung bildet besonders für den Mediator die Möglichkeit, dabei die Möglichkeit, von den Betroffenen Informationen über deren Interessen zu gewinnen und auch die ihnen zugrunde liegenden Bedürfnisse zu eruieren, aus denen sich die klärungsbedürftigen Aspekte ihrer Scheidung zusammensetzen.

Denkbare Fragen in diesem Zusammenhang können sein:

- Welches sind Ihre Bedürfnisse bezüglich Ihrer Scheidung?
- Welche Interessen wollen Sie auf jeden Fall gewahrt sehen?
- Wie können oder wollen Sie mit den später im Gerichtsurteil festgeschriebenen Regelungen auskömmlich leben?

- Sollten hierbei richterliche Erwägungen oder Ihre eigenen Vorstellungen zum Tragen kommen?

Nicht ein besonders umfangreicher Fragenkatalog ist hier das Ziel, sondern die Überzeugung, dass der Mediator durch derartige Fragen seine Kompetenz gegenüber den Betroffenen verdeutlicht. Diese wird betont durch die Details der Befragung, weil in ihr Aspekte zum Tragen kommen, auf welche die Betroffenen selbst häufig nicht gestoßen wären. Auch eine inhaltliche Zusammenfügung dieser Fragen zu einem abschließenden Gesamtbild der Orientierungssitzung unterstützt eine Entscheidung für die Betroffenen für ein solches Verfahren, weil eben Fragen und nicht einseitige Erklärungen sie als Mitgestalter einbinden.

2.2 Gesprächsführung und Konfliktforschung

Die Gesprächsführung in der Mediation ist insgesamt eingebettet in einen Theorieansatz aus der Konfliktforschung, welcher sich aus drei Teilen zusammensetzt, die als solche unabhängig von der Art des Konflikts, der Anzahl der daran Beteiligten, des Austragungsortes oder der Zeitdauer bestehen.

Bei aller Diversität der Konfliktforschungsansätze kann heute als gemeinsamer Nenner der folgende methodische Zugang zur Bearbeitung von Konflikten gelten: bildhaft wird dieser Zugang durch ein gleichseitiges Dreieck dargestellt (hierzu C. Moore 1996, S. 98). Jede der drei Seiten steht dabei symbolisch für einen Anteil der Konfliktbearbeitung. Es sind dies

1. Der inhaltliche Anteil
2. Der verfahrenstechnische Anteil
3. Der Anteil des subjektiven Befindens

Das Bild des gleichseitigen Dreiecks soll hierbei optisch hervorheben, dass es zur Lösung von einem Konflikt aller drei Seiten bedarf, um das Bild vollständig zu machen Die Gleichseitigkeit des Dreiecks unterstreicht hierbei die Gleichwertigkeit aller drei Gesichtspunkte (ders. 1996, S. 104).

Bezogen auf das Bild des „Konfliktdreiecks" kann ein Konflikt demgemäß nur dann als gelöst, bzw. als beigelegt betrachtet werden, wenn sowohl sein inhaltlicher, als auch sein verfahrenstechnischer und befindensbezogener Anteil in gleicher Gewichtung und Bedeutung im Lösungsprozess einbezogen und bearbeitet sind.

Das Fehlen von einer oder gar mehr Seiten des Dreiecks lässt keine Lösung zu, sorgt aber dafür, dass das ursprüngliche Problem in seiner Virulenz erhalten bleibt und lediglich seine Erscheinungsform ändert.

Wichtig ist es hierbei festzuhalten, dass es für eine Konfliktbearbeitung dieser Art keine Rolle spielt, welcher Konfliktinhalt, welche Größenordnung, welche Anzahl der Beteiligten, Austragungsort, Dauer, etc. den äußeren Rahmen hierzu abgeben, solange nur das Prinzip einer gleich gewichteten und vollständigen Vorgehensweise eingehalten wird.

Dieses einfache und überschaubare Modell wirkt u. a. deshalb einleuchtend, weil das Konfliktdreieck auf der Ebene menschlicher Bedürfnisse seine Entsprechung hat. Deren Befriedigung folgt letztendlich dem gleichen Prinzip von Inhalt, Verfahren und Befinden.

Wenn z. B. auf der inhaltlichen Ebene nicht eindeutig und ausreichend geklärt ist, um was es genau geht, werden Streitparteien kaum in einen konstruktiven Dialog eintreten können.

Große Ratlosigkeit herrscht ebenso bei der Frage, wie denn und durch welche konkreten Schritte einem Konflikt beizukommen ist.

Und letztendlich: haben alle Beteiligten für das Zustandekommen einer Lösung einen angemessenen Beitrag leisten können? Sollten hierüber zwischen den Betroffenen unterschiedliche Ansichten herrschen, ist der Weg zur Problemlösung noch nicht (gänzlich) zurückgelegt.

Das Bild des Konfliktdreiecks kann als Maßstab für den vorherrschenden Bearbeitungsstand eines anhängigen Konflikts herangezogen werden und es verdeutlicht auch gleichzeitig, welche Bedeutung eine interessensorientierte Herangehensweise etwa im Vergleich zu positionsbezogenen Auseinandersetzungen hat (vergl. Fisher et al. 2000).

Dem Mediator signalisiert dieses Bild, dass er, unabhängig davon, wie die Betroffenen den anhängigen Klärungsbedarf subjektiv für sich selber bewerten, für seine Arbeit ein ebenso übersichtliches wie gut handhabbares Instrument für seine Arbeit verfügbar hat.

An dieser Stelle wird auch deutlich, welche bearbeitungstechnische Lücken entstehen bzw. bleiben, wenn eine Berufssozialisation bei den „Helfenden Berufen" in ihrer Theoriebildung entweder vollständig oder anteilig auf die Bearbeitung dieser drei Dreiecksseiten verzichtet.

So spielt etwa in der Justiz vor Gericht an Aspekten eine Rolle, was als justiziabel, also als gerichtsverwertbar erkannt und zugelassen wurde. Gefühle wie Demütigung, Zorn, Verzweiflung, etc. haben dort keinen Platz. Ebenso wenig führt ein volles Verständnis für die psychische Zwangslage einer Person angesichts eines Beziehungskonfliktes im Rahmen einer therapeutischen Intervention nicht zwangsläufig zu einer an Pragmatismus orientierten Arbeit etwa beim Thema Schuldenregulierung oder Unterhalt.

Innerhalb des Konfliktgeschehens spielen Personen unterschiedliche Rollen, so z. B. die von Verhandlern als Vertreter ihrer eigenen Interessen. Mediatoren unterstützen die Parteien ohne eigene Interessen an einem Zustandekommen eines bestimmten Verhandlungsergebnisses.

Einer Konfliktbearbeitung geht somit ein Akt der Klärung darüber voraus, welche der beteiligten Personen dabei welche Rolle genau übernimmt. Damit geht implizit auch die Entscheidung einher, wer von ihnen welche Autorität und welche Macht im Geschehen innehat und ausübt.

2.3 Fragechronologie und Frageformen

In handwerklicher Hinsicht bietet sich eine Herangehensweise an, die als solche wie etwa beim „Konfliktdreieck" themenunabhängig gilt und dem Mediator wie auch den Betroffenen für ihre Arbeit gleichsam einen Orientierungsrahmen liefert. Sie besteht in einer sog. Fragechronologie mit den folgenden Anteilen:

- Erfassung des Ist-Zustandes: wo stehen wir jetzt gerade?
- Erfassung der Probleme: was hat uns dorthin geführt?
- Orientierungsleistung: welche Richtungen stehen uns offen?
- Zielfrage: wohin möchten wir gehen?
- Umsetzungsfrage: wie kommen wir dorthin?
- Kontrollfrage: wie bleiben wir auf Kurs?

Frageformen:

Das Ziel dieses Beitrags besteht nicht darin, sämtliche existierenden Frageformen summarisch festzuhalten oder hinsichtlich der Mediationsarbeit in eine Prioritätenliste zu übertragen. Doch es lohnt sich evtl. die Frageform von der Erzeugung ihrer Wirkung her zu betrachten.

Hierfür ist es wichtig, sich das soziale setting der Mediation und ihre Zielsetzung bezüglich der Gesprächsführung zu vergegenwärtigen:

- die Betroffenen sind gehalten, zur Lösung ihrer Problemlage in einen konstruktiven Dialog zu treten. Zu diesem Zweck sind diejenigen Frageformen zu wählen, die ein Höchstmaß an Informationen und Einsichten in Verfahrensabläufe liefern.

- schließlich sollen sie eine Abwägung vorhandener Lösungsoptionen treffen und diese zu einem tauglichen Gesamtbild zusammenfügen.

Dies richtet den Blick auf die gebräuchlichen Frageformen, die für gewöhnlich zur Anwendung kommen:

- die geschlossene Frageform
- die offene Frageform
- warum – Fragen

Zu a) Geschlossene Fragen:
Sie führen zu einer Antwort von „ja" oder „nein" bei den Befragten und minimieren von daher eine mögliche Informationsausbeute. Den Befragten bleibt in der Regel eine Antwort in Form von einem Wort. Damit führen geschlossene Fragen in sozialer Hinsicht einen Zustand herbei, der dem Gesprächspartner das Gefühl gibt, ein Verhörter zu sein. Ein stimulierender Impuls zu einer weiter ausholenden Reaktion unterbleibt für ihn.

Statt dessen erlaubt ein dergestalt eingeschränkter gedanklicher Spielraum bezüglich der gestellten Frage gerade einmal die Zustimmung zum Zuvor Gesagten oder eben eine Ablehnung.

Diese Frageform eignet sich mithin dafür, die Befragten zu Entscheidungen zu veranlassen und damit ein Thema zu beenden, bzw. einzuengen. Sie ist als solche eher faktenbezogen (was, wann, wo), da sie spezifische Antworten abrufen. Überdies fallen sie i. d. R. kurz und leicht beantwortbar aus.

Geschlossene Fragen können sich am Anfang und am Ende einer Konversation als nützlich erweisen, eben weil sie es den Befragten gestatten, kurz zu antworten, ohne dass diese gleich am Anfang viel von sich nach außen stellen müssten.

Am Ende helfen sie bei der Klarstellung von Ergebnissen und der Zusammenfassung des Erreichten, bzw. der gefassten Beschlüsse. Bei einer ungeklärten Befindens- oder Beschlusslage tragen sie zu einer schnellen Klarstellung bei. Und letztendlich können mit ihrer Anwendung Folgefragen problemlos nachgeschoben werden. Alles in allem beseitigen geschlossene Fragen vorherrschende Vagheiten und Ambiguität und treiben somit das Gespräch voran.

Zu b) Offene Fragen:
Sie bieten einen optimalen Informationsgewinn, da sie als Aufforderungen an die Befragten gelten können, bei ihrer Beantwortung aus sich heraus" zu gehen

und ggfs. auch weit auszuholen. Dies liefert zudem unerwartete und unvermutete Aspekte zu den behandelten Themen und wirkt ebenso auf die anderen Gesprächsteilnehmer häufig stimulierend.

An dieser Stelle sollte jedoch klar sein, wer die Gespräche (im wahrsten Sinne des Wortes) führt. Der Mediator hat aber diese Rolle von vornherein inne und es wird von ihm daher auch seitens der Betroffenen eine entsprechende nondirigistische und impulsgebende Amtsführung erwartet.

Offene Fragen sind der Zugang zu explorativem Verhalten. Mit ihrer Hilfe können die Befragten das Maß ihrer Offenheit und Bereitschaft frei wählen. Sie wenden sich dabei leichter der Aufgabe von Selbstreflexion und Problemlösung zu, da sie sich nicht verteidigen oder rechtfertigen müssen. Sie signalisieren in gewisser Weise Respekt gegenüber dem Befragten und laden zu freien Äußerungen und Stellungnahmen ein. Und nicht zuletzt wirken sie auf die Befragten wie eine Einladung zum Austausch und Diskussion.

Zu c) Warum – Fragen:

Die „Warum" – Frage zu stellen gilt in der Mediatorenschaft als eher kontrovers. Häufig wird angemerkt, dass mit ihrer Verwendung die Befragten womöglich das Gefühl entwickeln, in ein Verhör geraten zu sein und entsprechende Abwehrmechanismen dagegen mobilisieren. Daher, so die Folgerung, solle man auf diese Frageform verzichten, wenn man eine solche Atmosphäre verhindern wolle. Dieses, zumal „warum" – Fragen aus ihrer Logik heraus keine finalen Antworten kennen und so fast beliebig lange fortgesetzt werden können.

Doch keine andere Frage als „warum" führt so direkt auf herrschende Wertvorstellungen bei den Befragten zu und legt substantielle bis existenzielle Überlegungen und Gedankengänge frei. Ein hierüber evtl. aufkeimendes Unwohlsein lässt sich in aller Regel gegenüber den Befragten mit einer knappen nachgeschobenen Begründung über den Sinn der Frage und die damit verbundene Absicht aus der Welt schaffen und nimmt ihr damit den evtl. als inquisitorisch empfundenen Charakter.

„Warum" – Fragen schaffen Zugang zu den Bewußtseinsebenen, auf die Mediatoren vorstoßen müssen, wenn es um ein tiefes Verständnis für ein Zustandekommen einer Situation oder eines Konflikts geht. Und nur auf dieser Ebene gewinnen sie auch einen Zugang zur Problemlösung.

Richtig angewandt signalisieren solche Fragen gegenüber den Gesprächspartnern Interesse und Neugier anstatt dass sie Ärger und Frustration wecken (vergl. Marquardt 2014).

Die Chronologie des Mediationsverfahrens aus der Sicht einer fragegestützten Gesprächsführung

3

Im Ausbildungsbereich der Familienmediation sind nach dem Orientierungsgespräch div. Anteile in chronologischer Reihenfolge vermerkt, die ein Verfahren inhaltlich kennzeichnen:

- Phase 1: Die Informationsgewinnung
- Phase 2: Die Konflikt- und Problembearbeitung
- Phase 3: Die Lösungsfindung und Einigung
- Phase 4: Die Konkretisierung und der Abschluss

Der Ausgangspunkt für dieses und die folgenden Kapitel unterstellt ein erfolgreiches Contracting für das Verfahren. Jeder Phase sollen aus dem Blickwinkel der Gesprächsführung jeweils spezielle Fragen zugeordnet werden, die den Mediator zum Führenden werden lassen und den Prozess insgesamt auf diese Weise gem. den drei genannten Anteilen der Konfliktforschung voranbringen.

3.1 Die Informationsgewinnung

Die Beteiligten liefern und sammeln hier sämtliche verfügbaren Informationen, die für das Verfahren insgesamt relevant sind. Die Art und Weise des Umgangs mit ihnen wird bestimmt wie auch die Frage, wer außerhalb des Verfahrens evtl. Zugang zu ihnen erhalten soll und in welchem Umfang dies geschieht (vergl. Fisher und Estel 1995).

Die Situation eines jeden Beteiligten innerhalb des Konflikts wird beleuchtet und die allgemeine Kommunikationsfähigkeit der Betroffenen bezüglich der

T. Spörer, *Fragestrategien als Führungsinstrument in der Familienmediation*, essentials, https://doi.org/10.1007/978-3-658-33526-7_3

Konfliktlage wird überprüft. Aus der gewonnenen Information werden Fragestellungen mit Blick auf die regelungsbedürftigen Themen erstellt. Hierbei treten die herrschenden Differenzen und Übereinstimmungen bei den Betroffenen hinsichtlich einer Beurteilung der Situation zutage.

3.1.1 Die „richtigen" Fragen stellen

Die unterschiedlichen Auffassungen, die die Betroffenen bezüglich bestimmter Inhalte und Themen anmelden, haben ihren Ursprung in deren jeweiliger persönlicher Wertvorstellung darüber. Grundsätzlich gilt: Die Werte, die wir wählen, stehen metaphorisch für Konzepte, die unsere Haltung und folglich unser Verhalten ausmachen. Sie drücken bildhaft aus, was wir hoffen zu erschaffen und welches Verhalten wir anderen erwarten (vergl. Brohm 2017).

Führende stellen an dieser Stelle stets Fragen kontextueller Art: „was soll meine Frage jetzt hervorbringen, bzw. bewirken?"

Sie liefern zudem ein Feedback darüber, welche Werte herrschen sollen. All dies macht es für den Mediator notwendig, sorgfältig abzuwägen, welche Fragen er im Kontext des Verfahrens als Führender stellen soll, wenn er auf ein Zustandekommen von Einigungsprozessen, bzw. deren Entstehung hinwirkt, welche für die Betroffenen eine bestimmte Werthaltigkeit besitzen.

Ein maßgeblicher Grund, weshalb Fragen mitunter Schwierigkeiten mit sich bringen, liegt darin, dass sehr häufig die falschen Fragen gestellt werden. Dabei handelt es sich um solche, die die Befragten entmutigen. Als solche sind sie geeignet, zur Schuldverteilung zwischen den Betroffenen beizutragen, anstatt Informationen zu gewinnen.

Von daher muss gelten, dass Führende eher nicht zu wenige Fragen stellen, sondern häufig eher die falschen. Etwa solche, die in der Folge dazu verführen, unehrliche und uninformative Antworten zu liefern. Solche Fragen führen die Betroffenen oft dazu, in defensiver oder reaktiver Weise zu verfahren.

Die falschen Fragen sind dazuhin geeignet, den Angesprochenen Energie zu rauben, die besser in Kreativität fließen kann wie z. B.

- warum kommt Ihr mit Eurem Prozess nicht voran?
- Ist das alles, was Ihr könnt?
- Glaubt Ihr tatsächlich, Euch so einigen zu können?
- Wer hatte denn einen solchen Einfall?

Letztendlich bringt der Fragende jeweils das hervor, auf was er sich (bewusst oder unbewusst) konzentriert.

So verstellen entmutigende Fragen immer den Zugang zu erfolgreichem Handeln und Entscheidungen bei den Betroffenen. Ihnen ist damit die Gelegenheit zur Klärung etwaiger Missverständnisse und der Erreichung von Zielen genommen. Fragen wie etwa „was stimmt nicht zwischen Euch" bedrohen das Selbstbewusstsein der Betroffenen und bewirken ihre Konzentration auf die herrschenden Probleme anstatt die möglichen Lösungen. Damit betrachten Sie folglich einander als Teil des Problems und nicht als Teil der Lösung.

Ermutigende Fragen dagegen gestatten es den Betroffenen, zu eigenen Antworten zu finden und verantwortlich damit umzugehen. Sie bringen die Betroffenen dazu, Risiken bei ihrer Lösungssuche einzugehen und lösen damit auch gleichzeitig evtl. bestehende Widerstände gegen Veränderungen auf. Ihr Fokus richtet sich auf Nutzen und Zugewinn und ebnet den Weg zu deren Erlangung.

Wenn sich die Betroffenen in einer stagnierenden Phase befinden, helfen ihnen diejenigen Fragen am meisten, die sie ihre Antworten selbst finden lassen.

Anstatt also die Betroffenen nach Gründen für vorhandene Probleme oder ein sich abzeichnendes Scheitern auszufragen, wären hier evtl. solche Fragen eher angebracht wie z. B.:

- wie kommen Sie bislang voran?
- Was hat Ihnen bisher am meisten gebracht, bzw. geholfen?
- Welche Auswege aus dieser Situation zeichnen sich für Sie ab?
- Welche Schritte hierfür fallen Ihnen am leichtesten?
- Wie profitieren Sie damit für den weiteren Fortgang der Gespräche?
- Welche Art von Hilfe wünschen Sie sich dabei?

3.1.2 Der Grundstock von hilfreichen Fragen

Der Ausgangspunkt hierfür ist stets das Wissen darum, dass es zu keinen solchen Fragen eine einzige korrekte Antwort gibt. Doch ermutigende Fragen bringen frischen Wind in eine Situation, die von Ignoranz, Risiken, Verwirrung und dem Gefühl beherrscht werden, nicht zu wissen, was der nächste Schritt sein soll. Sie wirken dabei unterstützend, einsichtsvoll und gleichzeitig herausfordernd. Dies umso mehr, wenn sie auf humorvolle Art platziert werden.

Als prozessstimulierend können hierbei etwa die folgenden Fragen gelten:

- welche tragbaren Alternativen haben Sie zu dem hier angewandten Verfahren?

- Welche Vor- und Nachteile erkennen Sie in den hier gemachten Vorschlägen?
- Worin bestehen Ihre Befürchtungen genauer?
- Welche konkreten Ziele haben Sie sich heute gesetzt?
- Welche Optionen für eine Lösungsfindung zeichnen sich derzeit ab?
- Was werden Sie bis zum nächsten Mal alles erledigt haben?

Als eines der erwartbaren Resultate kann gelten, dass die Qualität der gestellten Fragen und die daraus gewonnenen Einsichten, Anregungen und Lösungen in einem direkten Verhältnis zueinander stehen.

Als die Führenden haben es die Mediatoren dabei in der Hand, durch an die eigene Person gerichtete Fragen den Einigungsprozess optimal zu gestalten. Diese können sein:

- Auf was kommt es jetzt am meisten an?
- Wie kann ich aus diesem Problem eine Gelegenheit machen?
- Was müssen die Betroffenen jetzt von mir als Mediator hören?
- Was drückt sie nach meiner Einschätzung derzeit am meisten?
- Welche Abfolge von Fragen hilft ihnen jetzt optimal?
- Wie kann ich sie zu klugen und tragfähigen Entscheidungen bewegen?
- Was ist dabei meine größte Sorge als Führender und wie kann ich ihr bestmöglich begegnen?

3.1.3 Das Finden von hilfreichen Fragen

Albert Einstein forderte die Menschen dazu auf, Fragen zu stellen und niemals damit aufzuhören. Für ihn waren sie die Basis aller persönlicher und gesellschaftlicher Entwicklung und Neugier war ihre Triebfeder.

Auf der Suche nach hilfreichen Fragen tun sich vier Felder auf, die als Bezugspunkte für siegelten können:

a) Die Erfassung der „Gesamtlandschaft"
   Die Auslotung des größeren Kontextes sowie seiner Umrisse und Erscheinung. Dazuhin Hinweise auf denkbare Entwicklungsschritte („in welchem Rahmen bewegen wir uns und was bringt uns jetzt weiter?").
b) Die Identifikation von Kernfragen
   Diese erschließen sich durch fortlaufende Fragemuster und den Querverbindungen zwischen ihnen mit dem Ziel, allmählich damit in tiefere Bedeutung vorzudringen („um was geht es eigentlich genau?").

c) Die Erstellung von Möglichkeiten in bildhafter Form
   Ein Abbild dessen, was eine denkbare Antwort auf die gestellte Frage sein
   kann, d. h., einen Gedankengang von seinem möglichen Endzustand her
   zu führen („durch welches Bild können wir unsre Überlegungen am besten
   darstellen?").

d) Die Entwicklung von praktischen Strategien
   Diese treten als Antwort auf drängende Fragen hervor und auf die Bilder, die
   die Fragen ausdrücken („wie können hierzu die nächsten Schritte aussehen
   und was ist dabei besonders zu beachten?").

Doch ausschlagend für jede Fragestrategie ist das ihr jeweils zugrunde liegende
Mindset des Fragenden. Profitiert er als Lernender von den Antworten auf seine
Fragen, oder will er sich damit als Wissender und Beurteilender aufbauen?

Beide Alternativen haben eine erhebliche Wirkung sowohl auf die Art der
gestellten Fragen als auch auf Prioritäten in Inhalten, Verfahrensweisen und nicht
zuletzt auf die Erzeugung einer sozialen Atmosphäre als Rahmen der Gespräche. Die folgenden Fragen von (und für) Mediatoren nehmen daher Bezug auf
die vorangegangenen Überlegungen im Kontext der Erstellung einer hilfreichen
Fragestrategie:

- wie kann ich hilfreiche Fragen am besten platzieren?
- Wie kann ich vorhandene Möglichkeiten für eine Konfliktlösung bestmöglich
  bildhaft darstellen?
- Habe ich genau vor Augen, worauf ich mit meinen Fragen zusteure?
- Welche meiner Fragen ermutigen mein Gegenüber?
- Wie kann ich entmutigende Fragen jeweils in ihr Gegenteil verwandeln?
- Wie kann ich geschlossene Fragen in offene umdrehen?
- Welches ist der beste Zeitpunkt für geschlossene Fragen?
- Mit welchen Fragen verhelfe ich meinen Klienten zu mehr Erfolg in ihren
  Bemühungen?

Die Konflikt- und Problembearbeitung 4

Die Phase zwei ist maßgeblich davon gekennzeichnet, die gewonnenen Informationen und Fragestellungen in Verbindung zu bringen mit den Bedürfnissen und Interessen der Betroffenen. Was sind ihre Vorstellungen und Erwartungen aneinander? Auf was sind sie bereit, sich einzulassen? Worin erkennen sie für sich jeweils einen Nutzen und einen Zugewinn im Gegenzug zu ihrem Einsatz (vergl. Fisher und Shapiro 2005).

Vor diesem Hintergrund ergeben sich durch die Führung des Mediators auch erste Überlegungen bei den Betroffenen darüber, welches die jeweilige Sichtweise des Gegenübers sei, aus der heraus er oder sie argumentiert. Diese Phase ist häufig aus der Natur der Sache heraus mit starken Emotionen behaftet, wenn es um eine Bearbeitung der herrschenden Differenzen geht, aus denen sich folglich neue und wechselseitige Problemdefinitionen ergeben.

Für die Mediatoren erfordert diese Phase ein hohes Maß an sozialer Sensibilität im Umgang mit den Betroffenen, denn mehr noch als in jeder anderen Phase sind hier oftmals Bruchstellen im Verfahren erkennbar, die zu einem zeitweiligen Abbruch, einer notwendigen Pause oder einer Verfahrenseinstellung insgesamt führen können.

4.1 Der Umgang mit Klienten mittels Fragen

Wenn die Arbeit des Mediators mit seinen Klienten zum obersten Ziel hat, ihren Einigungsprozess voran zu führen, steht die Überlegung im Raum, wie er diese je einzeln oder gemeinsam auf den Endpunkt einer Einigung lenken kann.

Der Aspekt einer Schaffung von „ermutigenden Beziehungen" steht dabei weit im Vordergrund. Diese spiegeln im Falle des Erfolgs für die Beziehung das in sie

T. Spörer, *Fragestrategien als Führungsinstrument in der Familienmediation*, essentials, https://doi.org/10.1007/978-3-658-33526-7_4

gesetzte Vertrauen durch die Betroffenen wieder. Hierfür können die folgenden
Fragen als Türöffner dienen:

- Können Sie erkennen, auf was ich mich mit Ihnen hinbewege?
- Wie kann ich Sie am besten unterstützen?
- Wohin fließen jetzt gerade Ihre Energien?
- Was fehlt jetzt noch, bzw. was haben wir noch vergessen?
- Was können wir das nächste Mal besser machen?
- Was halten Sie davon?
- Welche Schritte von Veränderung würden jetzt Ihr Leben verbessern?
- Was würden Sie an meiner Stelle anders machen wollen?
- Wie kann ich meine Kommunikation Ihnen gegenüber verbessern?

4.1.1   Der Aufbau von „Ermutigenden Beziehungen"

Es gilt der Satz, wonach „Anweisungen" und Direktiven Widerstand bei den
Adressaten wecken, wohingegen Fragen Beziehungen begründen.

Fragen stellen hierbei ihrerseits durch ihre Wirkung als Abwägung, Wert-
schöpfung, Reflektion und Gesprächsführung wichtige Handlungsschritte dar. So
entsteht eine ermutigende Beziehung mit dem Befragten selbst dann, wenn dieser
eine Antwort darauf schuldig bleibt. Gerade durch Fragen schaffen die Führenden
soziale Räume für persönliche Verantwortung, Verpflichtung und Kooperation.

Wie bereits erwähnt, stellen Mediatoren (und andere Führende) häufig eher
entmutigende als ermutigende Fragen, die auf der Gegenseite eher reaktives als
kreatives Verhalten zutage fördern. Was Menschen jedoch am meisten in Schwierigkeiten bringt, sind Fragen von Führenden, die nicht nur ungestellt bleiben,
sondern die gar nicht bedacht werden.

So kann z. B. eine beunruhigende Frage durchaus einen Paradigmenwechsel
auslösen, welcher eine Veränderung dringend nach sich zieht wie etwa die zwei
folgenden:

- Wenn Sie bezüglich der jetzigen Situation weiterhin nichts unternehmen, was
  werden Ihrer Meinung nach die Konsequenzen oder Resultate daraus sein?
- Was, wenn Sie hier mit Ihrer Meinung schiefliegen?

Carl Rogers (vergl. Rogers 2004) hebt hervor, dass es dreier Bedingungen bedarf,
wenn wir als Führende eine Person in eine Veränderung bewegen wollen:

- mit Einfallsreichtum und Kreativität
- mit Empathie
- mit einer eigenen positiven Grundhaltung

Rogers' Beobachtungen legen nahe, dass wie als Führende im Beziehungsaufbau mit Klienten eine Frageform, geprägt von echtem Interesse und eigener Lernbereitschaft, demonstrieren sollen auf der Basis von aktivem Zuhören, empathischer Wahrnehmung und Wertschätzung gegenüber den erhaltenen Antworten.

Viele Angehörige sog. helfender und beratender Berufe unterstellen bis heute, dass Menschen sich an sie wenden in der Erwartung, ihre Probleme stellvertretend von ihnen gelöst zu bekommen. Und es fehlt ihnen die Einsicht und/oder die Erfahrung zu sehen, wie entmutigend für die Klienten in ihrem Bemühen, eigenständige Lösungen zu erstellen, eine derartige Haltung des Helfenden ist.

Denn die Botschaft des Helfenden, dass die Klienten zu eigener Reflexion und Lösungsfindung unfähig sind, so bequem eine rasche Hilfe ihnen anfänglich auch erscheinen mag.

4.1.2   Lernschritte durch Fragen

Fragen sind eine Herausforderung an das „programmierte Wissen" von Personen, denn sie fordern diese zum Zuhören auf. Wenn der Vorgang des Lernens bildhaft als Weg zwischen Ausgangspunkt und Zielpunkt beschrieben werden kann, so stellen die Fragen die Pflastersteine dar, die diesen Weg begehbar machen.

Die folgenden Fragen berühren dabei verschiedene Aspekte von Lern – und Erfahrungsschritten:

- ermutigende Fragen – wenn es Klienten am notwendigen Selbstbewusstsein mangelt oder ihnen die Ideen für eine Lösungsfindung ausgehen.
- Fragen zur Vervollständigung – was habe ich und was brauche ich noch, damit ich der Aufgabe voll gerecht werden kann? Wie und wo erhalte ich all dies am besten?
- Reframing-Fragen – sie helfen den Führenden dabei, Betroffene mittels alternativer Betrachtungsweisen von Situationen und Problemen von entmutigenden hin zu ermutigenden Haltungen zu wechseln.
- Ratgebende Fragen – sie kommen zum Einsatz in Fällen, wo konkrete Erkenntnisse gewonnen werden müssen oder ein Mediator Schwächen in der Kompetenz oder dem Wissen der Betroffenen ausmacht.

• Handlungsfragen – sie sind gedacht, um Ansporn und Verpflichtung zu schaffen.

4.1.3 Fragen als Handlungsansatz

Da Fragen ihrer Natur gemäß stets Handeln in irgendeiner Form hervorbringen, stoßen sie u. a. Aufmerksamkeit, Wahrnehmung, Anstrengung, etc. an und führen auf diese Weise zu Veränderung und Entwicklung. Die folgenden Fragen sind geeignet, Aktivität und Veränderung anzustoßen:

• Was ist hierbei eine brauchbare Alternative?
• Welche Vor- und Nachteile erkennen Sie in diesem Vorschlag?
• Welche Befürchtungen haben Sie dabei?
• Welche Ziele haben Sie vor Augen?
• Welche Verbesserungsoptionen fallen Ihnen ein?
• Wozu verpflichten Sie sich, ab wann und für wie lange?

In seinem Bemühen, mit den Betroffenen Ziele auszumachen und festzulegen kann ein Mediator auf die folgenden Fragen zurückgreifen:

• Was sind die Aufgaben von heute und was wollen wir alles damit erreichen?
• Was davon halten Sie für eine realistische Zielsetzung?
• Auf welche Mittel können Sie dabei zurückgreifen?
• Welche Hilfestellung brauchen Sie dabei genau?
• Wer soll Ihnen diese Hilfe leisten?

Im Einigungsverlauf geht nach einer gewissen Zeit mitunter der Impetus verloren und eine gewisse Mattigkeit stellt sich bei den Betroffenen ein. Darüber geraten die gesteckten Ziele evt. aus dem Blickwinkel und die folgenden Fragen an die Betroffenen knüpfen an diesen Umstand an:

• Wie schlägt sich Ihr persönlicher Einsatz im Gesamterfolg nieder?
• Welche Verbesserungsmöglichkeiten haben wir?
• Was hält Sie derzeit davon ab, weiter voran zu kommen?
• Wie können wir an dieser Stelle unsere Kommunikation verbessern?
• Welche Entscheidungen stehen jetzt gerade an?
• Wie gut können Sie hierüber mit dem Partner/der Partnerin reden?
• Welche Form von Gesprächen brauchen Sie hierfür?

Die Befähigung der Betroffenen zur Formulierung ihrer eigenen Bedürfnisse und Interessen sowie die Erschließung von Zielen und Lösungsfindungen mittels Fragen steht demnach im Zentrum der mediatorischen Gesprächsführung. In diesem Zentrum sind auch die Fragen positioniert, die sich für Führende als Selbstreflexion eignen:

- Wie kann ich als Mediator meine Klienten durch Fragen ermutigen und stärken?
- Wie kann ich dadurch bei ihnen Lernprozesse anstoßen?
- Welche meiner Fragen helfen ihnen dabei, ihre eigenen Lösungsfindungen voranzutreiben?
- Wie kann ich meine Fragen mit mehr Energie aufladen?
- Welche Fragen eignen sich am besten für eine Zielsetzung und Zielplanung?
- Welche Fragen helfen den Betroffenen über entstandene Formtiefs hinweg?
- Welche Fragen fördern ihre Kreativität am besten?

Die Lösungsfindung und Einigung

5

Phase drei des Mediationsverfahrens liefert idealtypischerweise diverse Optionen, aus denen sich für die Betroffenen Lösungsansätze zusammensetzen. Von ihrer Bewertung und Modifikationen und Ergänzungen wird es abhängen, ob sie hierin auch tatsächlich für sich selbst Wege aus dem herrschenden Konflikt erkennen können. Hier besteht evtl. aber auch das Risiko eines Rückfalls der Betroffenen in alte Verhaltensmuster, wenn eine Passform für eine Problemlösung so gewählt wurde, dass sie unvollständig, missverständlich oder gar völlig abwegig erscheint.

Der Zeitpunkt für die Phase drei führt jedoch auch zwangsläufig auf die Notwendigkeit zu, bezüglich der Abfassung von Lösungsvorstellungen und ihrer Gestaltung Entscheidungen treffen zu müssen. Zwischen dem Für und Wider der einzelnen Gedanken zu schwanken, ist für die Betroffenen keine unbedingt neue Erfahrung, doch spitzt sich diese Situation erfahrungsgemäß immer dann zu, wenn aus theoretischen Gedankengängen und Abwägungen schließlich konkrete Problemlösungen erwachsen.

So kann für die Betroffenen u. U. eine Lage herrschen, wo entstehende Problem – und Konfliktlösungen psychisch eher beängstigend als befreiend wirken und ihre vorhandene Unsicherheit angesichts des Entscheidungsdrucks eher zum Wachsen bringt (vergl. Fisher und Shapiro 2005).

Auch die (zumindest ungeübten) Mediatoren laufen hier noch einmal Gefahr, eigene Vorstellungen über Problemlösung an den Betroffenen vorbei zu platzieren, wenn sie von Richtigkeit ihres Ansatzes überzeugt sind.

T. Spörer, *Fragestrategien als Führungsinstrument in der Familienmediation*, essentials, https://doi.org/10.1007/978-3-658-33526-7_5

5.1   Durch Fragen zur Problemlösung

Oft genug können die Mediatoren als die Führenden dabei die Erfahrung machen, dass sie immer dann, wenn sie vorschnell mit eigenen Lösungsideen für Probleme ihrer Klienten nach vorn preschen, sie mit eigenen Fragen und entsprechender Aufmerksamkeit gegenüber den Antworten als einem direkten Vergleich zu einem ungleich tieferen Zugang und Verständnis bezüglich der Gesamtsituation finden. Kluge Fragen umreißen das herrschende Problem akkurat und führen folglich auch zu klaren Erkenntnissen über die anfallenden Themen. Von daher gewinnen wir als Führende mit einem Zuwachs an Klarheit über ein Problem auch automatisch Zugang zu tragfähigen Lösungen und Handlungen.

Dazuhin ist es wichtig, speziell komplexe Problemlagen aus mehreren Blickwinkeln zu betrachten, um ihnen in angemessener Weise gerecht zu werden. Denn gerade die Vorstellung von Führenden, ein Problem ausreichend durchdrungen zu haben, wenn man gerade von ihnen gehört hat und man deshalb Bescheid weiß, erweist sich immer wieder aufs Neue als hartnäckiger Aberglaube.

Damit geht zudem auch oft die Vorstellung einher, dass sämtliche Konfliktbeteiligten die herrschende Situation gleich erleben und deshalb auch zu gleichen Einschätzungen kommen müssten.

Grob gesprochen finden sich Mediatoren im Prozess der Lösungsfindung mit zwei Arten von Problemstellungen konfrontiert:

a) technische Probleme
b) adaptive Probleme

Zu a) Bei technischen Problemen handelt es sich um solche, für deren Bearbeitung es bereits ein Grundverständnis, ein Wissen und eine entsprechende Verfahrenstechnik gibt. Eventuell fehlendes Wissen muss noch dazu gewonnen und seine Anwendung effizient vorangetrieben werden. In diesem Sinn weisen technische Probleme auch lineare Lösungsansätze (wenn – dann) auf. Sie sind Puzzles mit jeweils einer Antwort.

Zu b) Adaptive Probleme weisen demgegenüber keine vorgeprägte Antwort auf, die schon bereitsteht und durch ein technisches Verständnis auch nicht erschließbar wird. Zu ihrer Bearbeitung sind Fragen, Reflexion und Lernschritte notwendig sowohl zur umfassenden Problembeschreibung an sich als auch zur Anwendung möglicher Lösungen.

Speziell adaptive Probleme verlangen einem Führenden die Fähigkeit ab, mitunter schmerzliche Verhaltensanpassungen vorzunehmen unter Anwendung von kollektiver Intelligenz und individuellen Fähigkeiten und Kompetenzen. Da eine Lösung adaptiver Probleme sich insgesamt komplexer und schwieriger gestaltet als technische Probleme, sind Führungseigenschaften hier ungleich mehr gefordert eben wegen der Unvorhersagbarkeit ihrer Resultate.

5.2 Den Problemkern durch Fragen erfassen

Einem Problemkern ist nur mittels geeigneter Fragen beizukommen. Diese haben quasi die Funktion eines Filters auf der Suche nach den Kernthemen innerhalb einer Situation oder eines Problems.

Hierbei fällt Fragen eine motivierende Rolle zu, Gedanken zu formulieren und ein lösungsorientiertes Verständnis zu entwickeln.

Ob nunmehr technische oder adaptive Probleme, diese sind als solche stets von den Betroffenen eingebracht. Gerade darin liegt die verführerische Kraft dafür, dass ein Mediator sich zu einer vorschnellen einseitigen Beantwortung hinreißen lässt. Doch eine solche Vorgehensweise schwächt letztlich seine Führungsposition entscheidend. Denn nur die selbst gefundenen Antworten auf die eigenen Fragen helfen den Betroffenen in ihrer Situation.

Und hierin unterscheidet sich ein Mediationsverfahren als Instrument der Konfliktbearbeitung maßgeblich von der einseitig rechtsorientierten Herangehensweise.

5.3 Problemlösungschronologie und zugeordnete Fragen

Entlang der Chronologie der Paarmediation lassen sich die damit jeweils korrespondierenden Fragetypen zuordnen:

- Konflikt- und Problemartikulation:
  Es eignen sich hierbei diejenigen Fragen, die den Betroffenen Informationen liefern, mithilfe derer sie eine eigene subjektive Beschreibung und gleichzeitig anderen einen Eindruck für das existierende Gesamtbild abgeben können.
- Konflikt- und Problemanalyse
  In diesem Stadium eignen sich sog. „wertbezogene Fragen" besonders, weil sie u. a. eine Dringlichkeitshierarchie schaffen und damit auch eine Prioritätenliste für die anfallende Bearbeitung liefern.

- Verhandlungs- und Einigungsgestaltung:
  „Wie – Fragen" leiten die Betroffenen dabei an, eine Skizze von denkbaren Lösungsanteilen zu erstellen (gedanklich oder graphisch). Optionen finden Eingang in die Debatte und werden jeweils gegeneinander auf ihre Tauglichkeit hin abgewogen. Vergleichsfragen stärken die Betroffenen darin, sich an Lösungen zu orientieren, die sie evtl. in früheren Zeiten und in ähnlichen Situationen als hilfreich erachtet haben.

- Handlungsphase;
  Hier werden Fragen benützt, die die Betroffenen für eine Konkretisierung ihrer Lösungsvorstellungen brauchen, die ferner eine Aufgabenverteilung erlauben und Umsetzungs- und Validierungsschritte anstoßen. Gleichzeitig wird im Sinne eines „wrap up" danach gefragt, ob die Themenliste vom Anfang nach dem Dafürhalten der Betroffenen auch erschöpfend abgearbeitet wurde.

Die Chronologie soll verdeutlichen, dass die angestrebten Gemeinsamkeiten zwischen den Betroffenen in dem Maß zutage treten, wie sie durch geeignete Fragen selbst darauf stoßen können.

Die Eignung der jeweiligen Fragen ergibt sich daraus, in welcher Phase der Chronologie sie für die Betroffenen den größtmöglichen Nutzen entfalten. Bildhaft lässt sich dies durch einen Trichter verdeutlichen, der in seinem breiten oberen Teil thematisch (fast) alles zulässt und dessen Wände durch ihre konstante Verengung in ihrem schmalen Unterteil Lösungen austreten lassen.

Hierbei besteht auch die Gelegenheit für die Führenden und Betroffenen gleichermaßen, die herrschende Fragequalität weiter zu entwickeln angesichts der Erfahrungen, die sie bislang im Verlauf der Problemlösung gemacht haben. Von daher lohnt sich evtl. die Erörterung und die Überlegungen zu den folgenden Fragen:

- Welche Qualität und welches Niveau hat meine Fragestrategie?
- Auf was genau ziele ich ab und wohin will ich damit?
- Welche Frageformen wähle ich gerade?
- Welche Fragen waren bislang die wertvollsten?
- Welche Auswirkungen entstanden durch ihre Anwendung?

Wichtig ist hier nur eine Sicht darauf, in welch engem Verhältnis die Qualität der gestellten Fragen und ein Verständnis über eine optimale Gestaltung des Prozesses einer Problemlösung miteinander stehen und auch, wie sehr ein erfolgreiches Agieren des Mediators hiervon abhängig ist.

Führende können innerhalb der Phase der Problemlösung und ihrer Rolle darin Antworten auf die folgenden Fragen finden:

- Konzentriere ich mich in diesem Prozess selbst eher auf Fragen oder auf Antworten?
- Wie kann ich für mich selbst festlegen, ob es sich um ein technisches oder ein adaptives Problem handelt?
- Verwende ich unterschiedliche Frageformen je nach dem Stadium der Bearbeitung?
- Wie übertrage ich den Zugewinn aus den bereits beantworteten Fragen inhaltlich und bedeutungstechnisch auf meine Folgefragen?
- Wie kann ich bei widerstrebenden Auffassungen der Betroffenen mittels Fragen auf bestehende Gemeinsamkeiten überleiten?
- Wie kann ich als Mediator mittels Fragen Alternativen, Ergänzungen, und insgesamt mehr Kreativität bei den Betroffenen herbeiführen?

Die Konkretisierung und der Abschluss 6

Die Phase 4 führt auf das sich abzeichnende Ende des Verfahrens hin. Es spielt dabei die Möglichkeit für die Betroffenen eine Rolle, ob und in wieweit sie die gefassten Entschlüsse und Lösungen auch mit dem Bild in Einklang bringen können, welches sie sich (je nach sozialer Eigenschaft) für sich selbst und gemeinsam machen können.

Grundsätzlich gilt für eine Konfliktbeilegung, dass sie als gelungen bezeichnet werden kann, wenn sich zu den Einigungspunkten für die Betroffenen Perspektiven auftun zur Realisierung und Umsetzung dieser Punkte. Sollten diese Perspektiven nicht zutage treten, ist die Wahrscheinlichkeit groß, dass Einigungen in letzter Minute fallen gelassen werden und nicht zustande kommen.

Die Zukunft stellt für die Betroffenen vom Standpunkt der Planung und Gestaltung zusammen mit der Einigungsbestrebung ihrer Konfliktlösungen eine gleichgeartete Aufgabenstellung dar und das Eine funktioniert nicht ohne das Andere. Somit ist jeder anvisierte Veränderungsprozess so valide und tragfähig wie die ihm zugeordnete Zukunftsperspektive, auf die er hin steuert(vergl. Krehlhaus 2004).

Hierauf lenkt der Mediator seine ganze Aufmerksamkeit innerhalb der Gesprächsführung.

6.1 Die Einleitung von Veränderungsprozessen mittels Fragen

Der Prozess der Problemlösung braucht für die Betroffenen einen inhaltlichen, verfahrenstechnischen und emotionalen Bezugspunkt, auf den sie hinarbeiten können (vergl. Shapiro 2017).

T. Spörer, *Fragestrategien als Führungsinstrument in der Familienmediation*, essentials, https://doi.org/10.1007/978-3-658-33526-7_6

Er stellt die Voraussetzung dafür dar, dass sie ihren Bemühungen überhaupt eine Richtung geben können und auch, dass für sie in ihren Bemühungen Fortschritte und Erfolg messbar werden. Insgesamt benötigen sie eine Vorstellung davon, wie ihre jeweilige Zukunft mit all ihren persönlichen und sozialen Anteilen beschaffen sein wird, bzw. sein soll und ob ihre Arbeit auf diese Aspekte auch einen konflikt- und problemlösenden Charakter hat.

Damit dies im Mediationsverfahren gelingen kann, braucht es für den Problemlösungsprozess insgesamt eine Strategie zu seiner Gestaltung und Umsetzung. Dabei sind alle drei Aspekte der Konfliktlösung (Inhalt, Verfahren, Befinden) berührt.

Mediatoren haben hier die Hauptaufgabe darin, eingeleitete Prozesse „von ihrem Ende her" zu denken, d. h. Aspekte, auf welche die Betroffenen hinzielen im Geiste schon als erreicht zu betrachten und auf ihre möglichen Auswirkungen auf die Betroffenen und deren sozialem Umfeld (Kinder, Verwandte, Kollegen, etc.) abzuklopfen. Der Begriff der „geistigen Lufthoheit" beschreibt diesen Zustand angemessen.

Die Betroffenen begeben sich mit der Suche nach Lösungen quasi auf für sie unbekanntes Terrain, da sich vor ihnen ein neuer Lernschritt auftut, der viele Fragen aufwirft. Diese brauchen jedoch eine möglichst präzise Benennung und Beschreibung des Arbeitsschritts in seinen Inhalten und Bearbeitungsanteilen.

Von daher werden strategiebezogene Fragen nicht als technische, sondern stets als adaptive Fragen zur Anwendung kommen. Ziel ist die Überwindung des status quo und die Bereitschaft zur Übernahme von Risiken (vergl. Mondl und Sohm 2006).

Fragen an die Betroffenen in der Absicht, diese zum Handeln zu bewegen, können daher u. a. sein:

- Was schwebt Ihnen vor, was Sie jetzt zum sofortigen Handeln bringen kann?
- Wie kann ich als Mediator Sie dazu bewegen, an dieser Stelle über Ihren eigenen Schatten zu springen?
- Welche Anzeichen für einen bevorstehenden Wechsel können Sie erkennen?
- Was braucht es, damit Sie sich aus Ihrer Komfortzone heraus bewegen?
- Welche Schritte würden Sie dabei unterstützen?
- Welche dieser Schritte erscheinen Ihnen dabei als einfach?
- Wer außer Ihnen wird sonst noch von dieser bevorstehenden Umbruchsituation betroffen sein?
- Welche Auswirkungen erwarten Sie für diese Personen?
- In welcher Weise möchten oder können Sie diese Personen in Ihre Gestaltungsarbeit mit einbeziehen?

Außerdem können die zusätzlichen folgenden Fragen dazu beitragen, vollzogene Veränderungen längerfristig in ihrem Bestand abzusichern:

- Wie können wir sicherstellen, dass Sie das bislang Erreichte nicht wieder infrage stellen oder gar verlieren?
- Wie können wir die Wirkung dieser Veränderung auch in die Zukunft fortschreiben?
- Wie möchten Sie sich selbst belohnen für Ihr bisher Erreichtes?
- In wieweit hängt Ihr zukünftiger Erfolg von Ihren eigenen Einschätzungen ab?

Ist der anvisierte Veränderungsprozess erst einmal angestoßen, treten in seinem späteren Verlauf zunehmend sog. „wie – Fragen" in den Vordergrund. Eine Werthaltigkeit für und in einem Veränderungsprozess ist hier bereits angelegt und braucht nunmehr verfahrensbezogene Ideen.

Mediatoren können derartige Prozesse wirkungsvoll begleiten, wenn sie sich selbst mit den folgenden Fragen auseinandersetzen:

- Wie kann ich die Debattenkultur für die Betroffenen nachhaltig zu deren Vorteil verändern?
- Welche meiner Fragen können die Vorstellungen und Werte der Betroffenen besonders hervorheben?
- Welche meiner Fragen bringen frischen Wind in die Diskussion?
- Welche Fragen wirken auf die Betroffenen besonders horizonterweiternd?
- Welche Fragen wirken auf die Betroffenen besonders ermutigend und aufrütteln?
- Wie überwinde ich mit meinen Fragen eine herrschende Feindseligkeit zwischen den Betroffenen?
- Welche Fragen bewegen sie zu einem Mehr an Kooperation?

Was Sie aus diesem *essential* mitnehmen können

- Die Führungsrolle von Mediatoren in Einigungsverfahren stellt nicht zwingend einen Widerspruch zum Neutralitätsanspruch ihrer Rolle dar
- Fragestellungen als zentralen mediatorischen Handlungsansatz erfassen und platzieren
- Fragen als Kernpunkte identifizieren u. a.

  a) bei der Beziehungsgestaltung zwischen Klienten und Mediatoren
  b) bei der Problemlösung und Einigung
  c) bei der Einleitung und Gestaltung von Veränderungsprozessen.

© Der/die Herausgeber bzw. der/die Autor(en), exklusiv lizenziert durch Springer Fachmedien Wiesbaden GmbH, ein Teil von Springer Nature 2021
T. Spörer, *Fragestrategien als Führungsinstrument in der Familienmediation*, essentials, https://doi.org/10.1007/978-3-658-33526-7

Anhang

Er liefert zusätzliche Fragesammlungen zu Aspekten des Mediationsprozesses, die sich mit Ausnahme vom Anfang beliebig zuordnen lassen und von daher eine inhaltliche Ergänzung für die einzelnen Phasen darstellen.

1) Fragen am Anfang und für den Anfang des Mediationsverfahrens
   Anfänglich evtl. bestehende Unsicherheiten der Betroffenen bezüglich Mediation als für sie geeignetes Verfahren können hiermit abgepuffert werden. Atmosphärisch tritt eine Entspannung und Stabilisierung ein und die Neugier wächst. Es entsteht ein Raum für Austausch und Erörterungen aller Art.

- Was wollen Sie erreichen – was vermeiden?
- Wie gehen wir am besten vor?
- Wie wollen wir hier grundsätzlich Entscheidungen treffen?
- Welche Verständnisfragen tun sich auf?
- Wer kann uns hier ggfs. weiterhelfen?
- Mit welchen Problemen sind wir konfrontiert?
- Welche alternativen Lösungswege sehen Sie?
- Welche jeweiligen Vor – und Nachteile gibt es dabei?
- Wissen wir genug, um Entscheidungen treffen zu können?
- wie entscheiden wir uns?
- was soll als Nächstes geschehen?
- Welchen Punkt möchten Sie noch ansprechen?

2) Fragen zur allgemeinen Förderung der Kreativität
Die Förderung kreativen Denkens ist wie erwähnt der Schlüssel für die Erarbeitung und Gestaltung von Lösungen. Ohne Kreativität ist das Risiko groß, dass

die Betroffenen in altgewohnten Verhaltensmustern und in problemorientierten Denken verhaftet bleiben.
So ist die Förderung kreativen Denkens stets auch die Konfrontation mit dem Unbekannten. Sich hierauf zuzubewegen, bedeutet jedoch gleichzeitig, Fehler in Kauf zu nehmen und im Extremfall wieder von vorne anfangen zu müssen. Mediatoren können den Betroffenen die Angst vor Fehlern nehmen, indem sie auf Schlüsselfragen für kreatives Denken zurückgreifen wie z. B.:

- Was wäre wenn?
- Womit würden Sie dann schlimmstenfalls und bestenfalls rechnen?
- Müssen wir das so oder evtl. auch anders machen?
- Was wäre hiervon das Gegenteil?

3) Fragen zur subjektiven Förderung von Kreativität

- was soll Ihr Beitrag sein zur Lösung dieses Problems?
- Warum sollte die andere Seite Ihren Vorschlag in dieser Form übernehmen?
- Was können Sie dem Vorschlag der Gegenseite an positiven Aspekten abgewinnen?
- Welche Maßnahmen würden jetzt die Situation verbessern?
- Was wäre aus Ihrer Sicht die dümmste Maßnahme, die Sie wählen könnten?
- Mit welchem Ausgang rechnen Sie, wenn wir so weitermachen wie bisher?
- Warum betrachten wir die Dinge so und nicht anders?

4) Fragen, die Routine in Denken und Handeln offenlegen
Kreatives Denken kann einfach auch die Erkenntnis sein, dass in Konflikten und Problemsituationen kein besonderer Wert darin liegen muss, Dinge in der gewohnten und alt hergebrachten Weise zu bedenken und zu tun.

- Wobei gibt es immer wieder die gleichen Schwierigkeiten?
- Wo werden wertvolle Ressourcen verschwendet (Zeit, Geld, Nerven, etc.)?
- Welche Ziele und Vorstellungen haben Sie für gewöhnlich?
- Mit welchen Mitteln versuchten Sie bislang, diese Ziele zu erreichen?
- In wieweit nützen Ihnen Ihre Grundannahmen und Vorstellungen bei der Überwindung des herrschenden Problems?
- Was brauchen Sie noch darüber hinaus und wo bekommen Sie dies?
- Wo stecken ihre Stärken und Fähigkeiten, um zur Lösung einen kreativen Beitrag zu leisten?

5) Fragen zur Lösungsfindung
Hier ist Phantasie und Einfallsreichtum gefragt. Wichtig ist hier eine unvoreingenommene Herangehensweise z. B. in Form eines „brain storming", welche Ideen, Vorstellungen, Optionen und Ansätze zusammenträgt und bewertungsfrei zueinander in Beziehung setzt.

- Was wollen wir damit genau erreichen?
- Worauf müssen wir uns dabei konzentrieren?
- Welche funktionierenden Möglichkeiten kennen wir bereits?
- Wenn die Ursache hierfür xxxxxxx wäre, was würde das für Sie bedeuten?
- Was würde nach Ihrem Dafürhalten geschehen, wenn......?
- Was wäre jetzt hilfreich?
- Welche Ressourcen brauchen wir dafür?
- Welche bislang unberücksichtigten Alternativen gibt es?
- Was wäre, wenn wir nicht genug Ressourcen hätten?
- Für wie realistisch halten Sie die bisherigen Optionen?
- Wie haben sie sich bewährt?
- Wie tauglich für die Zukunft erscheinen sie Ihnen?

6) Fragen zum Test von Lösungsentwürfen und Ideen
Eine wirklich gute Idee erkennt man daran, dass ihre Realisierung anfänglich als ausgeschlossen erschien.

Ist aber eine gute Idee zustande gekommen, so hängt ihr Wert in der Folge davon ab, wie mit ihr verfahren wird. Eine Betrachtung von Ideen und Lösungsansätzen als wertvollen Besitz aller an ihrem Zustandekommen Beteiligten gewährleistet Respekt und die Bereitschaft zur Weiterentwicklung.

- Wie kann man die Idee optimal umsetzen?
- Was ist dabei besonders zu beachten?
- Was blieb bei dieser Idee bislang unberücksichtigt?
- Wie würde sich bei ihrer Umsetzung die Gesamtsituation verändern?
- Wie geht es Ihnen damit?
- Was muss als Nächstes geschehen?
- Wie können wir diese Idee testen?
- Wann sind dafür der richtige Zeitpunkt und die richtige Dauer?
- Was wird jetzt möglich, was vorher nicht möglich war?
- Was brauchen wir zur Unterstützung?
- Auf welchen anderen Bereich kann diese Idee ausgedehnt werden?

• Wie können wir diese Idee weiterentwickeln?

7) Fragen zur Lösungsumsetzung

Jede gute Idee ist genauso viel wert wie die Möglichkeit einer praktischen Umsetzung und die Bereitschaft der Beteiligten zur Anwendung.

Wichtig ist es jedoch zu sehen, dass Lösungserstellung und Lösungsumsetzung grundsätzlich zwei separate Schritte darstellen. Eine Vermengung beider in einen Vorgang schafft nur Verwirrung und erschwert die Aufgabe unnötig.

7a) Fragen vor der Umsetzung

• Warum haben Sie gerade diese Lösung gewählt?
• Wie wollen Sie Ihre Lösung umsetzen?
• Welche Vorteile ergeben sich dadurch?
• Welche Nachteile müssen wir dabei in Kauf nehmen?
• Welche Konsequenzen könnte das haben?
• Was könnte bei dieser Lösung schiefgehen?
• Was überzeugt Sie an dieser Lösung am meisten?
• Welche aller möglichen Lösungen halten Sie für die beste?
• Wobei haben Sie das beste Gefühl?
• Was würden Sie persönlich vorziehen und warum?

7b) Fragen bei der Umsetzung

• Welche Vorbereitungen und Schritte werden bei der Umsetzung notwendig sein?
• Welche genauen Resultate wollen Sie damit erzielen?
• Wie können Sie die entstehende Wirkung einschätzen?
• Was tun wir, wenn wir mit der Lösung nicht das gewünschte Ergebnis erzielen?

8) Fragen nach Abschluss von Sitzungen

Klärungsbedürftig ist stets, welche Wirkungen die einzelnen Sitzungen bei der Betroffenen hinterlassen haben. Daraus ergeben sich jeweils Einschätzungen bezüglich des jeweiligen Motivationsstandes der Betroffenen für eine Fortführung und deren weiterer Gestaltung.

• Wie lief das Treffen für Sie?
• Wie haben sich Ihre Zeit, Mühe und Geld für Sie rentiert?

- Haben wir heute geschafft, was wir uns ursprünglich vorgenommen haben?
- Haben wir jetzt die Informationen, die wir zum Weitermachen brauchen?
- Haben Sie den Eindruck, dass Ihr Standpunkt heute ausreichend gehört und berücksichtigt wurde?
- Sind Sie rückwirkend mit den bereits getroffenen Vereinbarungen einverstanden?
- Welche Verbesserungen zum Ablauf, zur Moderation und Ergebnisgestaltung wünschen Sie sich für das nächste Mal?
- Welche Alternativen zu solchen Treffen fallen Ihnen ein?
- Mit welchen Resultaten rechnen Sie weiterhin?

Epilog

Medianten brauchen „nondirektive Führung". Dieser scheinbare sprachliche Widerspruch löst sich auf durch eine Gegenüberstellung von Aufgabe und Erfüllung. Mediatoren stehen genau auf dieser Bruchstelle und können sie durch Fragestrategien in ihrem Arsenal der Gesprächsführung überbrücken.

Fragestrategien als bloße Technik der Gesprächsführung zu betrachten, würde diesem Führungsinstrument nicht gerecht werden, wie dieser Beitrag hoffentlich verdeutlichen konnte. Sie verkörpern vielmehr eine grundlegende Haltung, die ein Mediator mit ihrer Anwendung den Betroffenen gegenüber an den Tag legt und sein Selbstverständnis bezüglich der Aufgabe und der Arbeit.

Fragen vermögen damit auch eine Kluft zu schließen, die sich auf den ersten Blick auftut, wenn er eine dienende und unterstützende Rolle im Einigungsverfahren übernehmen soll, die er als Führungspersönlichkeit umzusetzen gehalten ist.

Allgemeine Bekanntheit hat die Aussage, wonach „Dir wird, was Du bedenkst". Ebenso gilt der Gedanke, wonach „Dir wird, was Du erfragst".

Die allermeisten Führenden nahmen ihre Stellung nicht als Reaktion darauf ein, dass ihnen zuvor etwas widerfahren war. Sie wurden zu dem was sie heute sind, weil sie sich selbst und ihre Umwelt immer wieder infrage gestellt haben.

Hierin unterscheiden sie sich von Managern insofern, als sie die wichtigen und richtigen Fragen stellen und den Managern in der Folge deren Beantwortung überlassen.

Fragen zu einem Hauptinstrument einer Mediation oder eines Coachings zu machen, beeinflusst nicht nur die Betroffenen, an die sie sich richten, sondern sie verändern gleichzeitig damit auch den Fragenden selbst, solange er sie nicht als bloße Technik betrachtet und anwendet. Dieser findet zu einem erweiterten

Selbstverständnis und zu einer tieferen gedanklichen Schärfe. Ferner liefern Fragen ihm auch einen Zugang zu seinem eigenen Wertesystem, aus welchem heraus er seine Handlungsmaximen ableitet.

Ein solches Verständnis entlässt die betroffenen Mediatoren sozusagen aus ihrem Bedürfnis danach, eigene Antworten an die Stelle von Antworten der Betroffenen zu setzen.

Sie erleben es als befreienden Schritt, in Gesprächen und Diskussionen mit ihnen nicht mehr recht haben zu müssen und ihnen auf Augenhöhe begegnen zu können.

Solange es die Führenden nicht auf sich nehmen müssen, anstelle ihrer Klienten mit den Konsequenzen ihrer Entscheidungen zu leben, hat ihr Wirken bestenfalls Motivationscharakter. Doch hierbei stellen Fragen die besten Werkzeuge in ihrem Methodenkoffer dar.

Indem die Führenden sie in konsequenter Weise stellen, lassen sie zu, dass die Betroffenen ihrerseits mit ihren gefundenen Antworten zu Führenden in der Regelung ihrer eigenen Belange werden, wie dies Handbücher zur Mediatorenausbildung immer wieder verheißen.

Bildhaft ausgedrückt lässt sich die Konflikt- und Problemlage der Betroffenen quasi als deren „Besitzstand" charakterisieren, welcher mit „individuellen Urheberrechten" geschützt ist gegen den ungebetenen Zugriff vonseiten der „Experten", deren dirigistische Intervention in den Augen der „Besitzenden" wie ein „Enteignungsvorgang" wirken muss.

Diesen Besitzstand zu respektieren und einen achtsamen Umgang damit zu pflegen, gelingt Führenden jeweils dann am besten, wenn dieser Besitzstand in seiner Erscheinung, Beschaffenheit sowie seiner persönlichen und sozialen Auswirkung mit den Betroffenen erschlossen und für sie bearbeitbar gemacht wird.

So bleibt den Führenden in der Prozessbearbeitung letztendlich nur die (stets wiederkehrende) Beantwortung der folgenden fünf Fragen:

- Was ist das Beste, was mir heute bei meiner Arbeit mit den Betroffenen passierte?
- Was hätte ich heute besser machen können?
- Was ist das Wichtigste, was ich mit den Betroffenen in der nächsten Sitzung erreichen muß?
- Was kann ich dabei an Neuem ausprobieren, bzw. anwenden?
- Wer waren und bleiben die wichtigsten Personen im anhängigen Einigungsverfahren und was ist das Beste, was ich jeweils für sie tun kann?

Weiterführende Literatur

J. Baum: „Keine Angst vor Morgen" – Strategien für den Umgang mit Zukunftsängsten (München 2004)

M. Brohm: „Werte, Sinn und Tugenden als Steuergrößen in Organisationen" (Wiesbaden 2017)

S. Covey. „Die sieben Wege zur Effektivität" (München 1989)

S. Covey. Umsetzung – Essentials für die Unternehmensführung (Offenbach 2014)

R.B. Dilts/T. Hallbaum/S. Smith: „Identität, Glaubenssystem und Gesundheit" (Paderborn 1991)

R. Fisher/W. Ury/B. Patton. „Das Harvard Konzept" (New York 2000)

R. Fisher/D. Shapiro: „Beyond Reason" – using emotions as you negotiate (New York 2005)

R. Fisher/D. Estel. „Getting ready to negotiate" (New York 1995)

J. Folger/T.S. Jones. „New Directions in Mediation" (San Fransisco, 1994)

C. Funke. „Gerechtigkeit" (Wiesbaden, 2017)

F. Haft/K. Schlieffen: „Handbuch Mediation" – Verfahrenstechniken, Strategien, Einsatzgebiete (München 2002)

S. Hagen: „Unter vier Augen, bitte" (Norderstedt 2004)

J.M. Haynes: „Scheidung ohne Verlierer" – ein neues Verfahren, sich einvernehmlich zu trennen (München 1993)

M. Heigl: „Konflikte verstehen und steuern" (Wiesbaden 2014)

C. Hornburg/H. Krohmer. „Marketingmanagement und Strategie", 3. Aufl. (Wiesbaden 2009)

I. Illich u. a.: „Entmündigung durch Experten" – zur Kritik der Dienstleistungsberufe (Hamburg 1983)

L. Krelhaus: „Wer bin ich – wer will ich sein?" (Heidelberg 2004)

D. Leeds: „The seven Powers of Questions" (New York 2000)

B. Leu: „Angst, Verlust, und die Frage nach dem Sinn" (Wiesbaden 2019)

M, Loebbert: „Coaching in der Beratung" (Wiesbaden 2018)

H.G. Mähler/G. Mähler/J.D.v Werdt: „Faire Scheidung durch Mediation" – ein neuer Weg bei Trennung und Scheidung (München 1994)

M. Marquardt: „Leading with Questions" (San Fransisco 2014)

A. Maslow: „Motivation und Persönlichkeit" (Reinbeck 2014)

Mediationsgesetz (Bundesministerium der Justiz und für Verbraucherschutz, Berlin, 21,7, 2012

J. Middendorf: „Lösungsorientiertes Coaching" – Kurzzeitcoaching für die Praxis (Wiesbaden 2018)

J. Mikutta/T. Weigl: „Motivierende Gesprächsführung" (Wiesbaden 2019)

C. Mondl/K. Sohm (Hrsg): „Aufgabe Zukunft" (Zürich, 2006)

C. Moore: „The Mediation Process" – practical strategies for resolving conflict, (San Fransisco 2006)

D. Ohnesorge/R.E. Fritz: „Wertorientierung und Sinnentfaltung im Coaching" (Wiesbaden 2014)

J. Rodloff: „Der Königsweg zur fairen Konfliktlösung" (Stuttgart 2010)

K. v Scheumann/T. Böttcher: „Coaching als Führungsstil" (Wiesbaden 2016)

W. Schmidbauer: „Die Angst vor Nähe", (Hamburg 1985)

D. Shapiro: „Negotiating the Nonnegotiable" – how to resolve your most emotionally charged conflicts (New York 2017)

S. Shazer: „Der Dreh – überraschende Wendungen und Lösungen in der Kurzzeittherapie", (Heidelberg 2004)

C. Strecker: „Versöhnliche Scheidung" – Recht und Rat für eine Trennung ohne Streit (Weinheim 1996)

G. Subramanian (Hrsg): „When a crisis reaches the breaking Point", in: Negotiating Letter, 9, 2008

C. Thomann/F. Schulz v Thun: „Klärungshilfe" Theorien, Methoden, Beispiele (Hamburg 1995)

Printed in the United States
by Baker & Taylor Publisher Services